12星座で「いちばん男らしい」

乙女座男子の取扱説明書

監修 アストロロジャー 來夢
櫻井秀勲

著 早稲田運命学研究会

きずな出版

はじめに　なぜか気になる乙女座男子の秘密

「いろんなことによく気がつく」

彼のことをよく知る人たちは、そんなふうに思っているでしょう。

だけど、ときどき、

「そんなところまで気にしなくても……」

と思うくらい、細かい点にこだわります。

でも彼の言うことは、もっともなことばかり。実際、彼の指摘のおかげで、大きなミスにつながらずにすんだということが一度や二度ではなかったはず。

一つのミスもないように、何でもしっかり、きっちりこなす彼は、自他共に認める完璧主義。「彼に任《まか》せておけば安心」とまわりから思われているのが、乙女座男子です。

自分から目立とうとするタイプではないけれど、誰からも信頼されている彼は、自分が知っていることなら何でも、進んで教えてくれます。

自分の職場やグループに新人が入れば、様子を見て助け船を出してくれる。だからといって、その人にベタベタするということはありません。いつも冷静に、そしてシビアに自分の周囲のことに目くばりできているのです。

星座には、牡羊座から魚座まで12の星座がありますが、男子で「乙女座」というのは、もしかしたら彼にとっては、ちょっと恥ずかしいことかもしれません。なんといっても「乙女」ですから、どうしても女性的なイメージを持たれがちです。

たしかに乙女座は、少女のように純粋であるというのは、間違いありません。

けれども、それ以上に特徴的な面としては、古風であるということです。いまの時代は男性も女性も、同じように働いたり、おしゃれをしたりします。その点から見れば、男女にそれほど大きな差はないといってもいいでしょう。

よくも悪くも、「男も女も関係ない」というのが「現代風」です。

ところが、乙女座は違います。

男は男らしく、女は女らしく、という考えを、男女ともに持っています。だから乙女座女子は、その名の通り、乙女のように女性らしい女性であるといっていいでしょう。けれども、乙女座男子の場合には、男は男らしくなければいけないと思っています。それこそが、本書のタイトルを、『12星座で「いちばん男らしい」乙女座男子の取扱説明書』とした所以《ゆえん》です。

乙女座男子は真面目で、礼儀正しい「日本男児」そのものです。

何事にも、キチッとしていることが、彼には大切です。適当なところで終わらせておけばいい、ということができないのです。そのために、時に口うるさく思われてしまうこともあるかもしれませんが、それだけ責任感があるという証拠です。

そんな乙女座男性に愛されやすいのは、何座の女性でしょうか。二人の関係が発展、持続していくには、どのようなことに気をつけていったらいいでしょうか。

恋愛関係にかぎりません。たとえば乙女座の男性が家族であったり、同じ学校や職場、取引先にいたら、あなたにとって彼は、どのような存在でしょうか。

私はアストロロジャーとして、星の教えを学び、それを私とご縁のある方たちにお伝えしてきました。本書は、そんな私が自信を持ってお届けする一冊です。

この本は私の専門である西洋占星学だけでなく、もう一人の監修者であり、早稲田運命学研究会を主宰されている櫻井秀勲《さくらいひでのり》先生の専門である性差心理学の視点から、男性と女性の考え方の差についても考慮して、「乙女座男子」の基本的な価値観や資質、行動の傾向が書かれています。

「乙女座男子」の傾向と対策を知ることで、彼に対する理解が、これまで以上に深まるでしょう。また、それによって、あなた自身の価値観を広げ、コミュニケーションに役立てることができます。

私たちは、誰も一人では生きていけません。自分はひとりぼっちだという人でも、本当は、そんなことはありません。

「人」という字が、支え合っている形をしていることからもわかるように、男性でも女性でも、必ず誰かとつながっています。

誰かとつながっていきながら、幸せを模索していくのです。

「おはよう」の挨拶《あいさつ》に始まり、「さようなら」「おやすみなさい」で一日が終わるまで、日常的な会話を交《か》わす人、ただ見かける人など、その数をかぞえれば意外と毎日、いろいろな人に出会っていることがわかるでしょう。

私たちは平均すると、一生のうちに10万人と挨拶を交わすそうです。

長いつき合いになる人もいれば、通りすぎていくだけの人もいます。

とても仲よしの人、自然とわかり合える人など、優しい気持ちでつき合うことができたり、一緒の時間をゆったり過ごせる人も大勢います。

相手のプライベートなことも、自分の正確な気持ちもわからないけど、なんだか気になる、なぜか考えてしまう人もいることでしょう。

誰からも嫌われているという人はいません。それと同じで、誰からも好かれるということも、残念ながらありません。

気の合う人もいれば、合わない人もいる。それが人間関係です。

でも、「この人には好かれたい」「いい関係を築きたい」という人がいるなら、そうなるように努力することはできます。それこそが人生です。

そして、そうするための知恵と情報の一つが、西洋占星学です。

「この人は、どんな人か」と考えたときに、その人の星座だけを見て決めつけるのは、乱暴です。「乙女座」には、乙女座らしい傾向というものがありますが、前でも書いた通り、「細かい点にこだわる」といっても、それだから悪いということにはなりません。

また、ここでいう「乙女座男子」というのは、「太陽星座が乙女座」の男性のことですが、西洋占星学は、その人の傾向をホロスコープで見ていきます。

本文でも詳しく説明していきますが、ホロスコープには、「太陽」「月」「水星」「金星」「火星」「木星」「土星」「天王星」「海王星」「冥王星」の10の天体の位置が描かれます。生まれたときに太陽が乙女座にあった人が「乙女座」になりますが、太陽星座が乙女座でも、月の位置を示す「月星座」がどこにあるかによって、その人らしさは違って見えます。

「私の彼は乙女座だけど、男らしいとは言えない」というような場合には、月星座の影響が強く出ている可能性があります。逆にいえば、月星座が乙女座の場合には、太陽星座が乙女座でなくても、乙女座らしさが強く出る人もいます。

この本では、「乙女座男子の取扱説明書」としていますが、月星座が乙女座だという男性にも、当てはまるところが多いでしょう。とくに、恋愛関係やパートナーとしてのつき合いにおいては、太陽星座よりも月星座の面が強く出ることもあります。

本書は、「乙女座は○○な人だ」と決めつけるものではなく、その星の人が持ちやすい本能ともいえるような特徴などを理解して、よりよい絆を築くことを目的として出版するものです。

あなたの大切な人である「乙女座男子」のことをもっと知って、いい関係をつくっていきましょう。

アストロロジャー
來　夢

安全上のご注意

乙女座男子と、よりよい関係をつくるために

・『乙女座男子の取扱説明書』は乙女座男子の基本的な考え方、行動パターンなどを知って、よりよい関係性を築くことを目的としております。乙女座を含め、すべての星座の男子に対して、理解と優しさを持って、つき合っていくようにしましょう。

・乙女座男子及び他のどの星座であっても、最初から決めつけたり、相手の存在や気持ちを無視するような行為はやめましょう。

・乙女座男子もあなたと同じ感情や思考を持つ人間です。意見が合わないとか、気持ちのすれ違いなど、あなたの価値観とは多少の不具合が生

じるかもしれません。可能なかぎり広い気持ちで接することを心がけましょう。

・自分が乙女座男子の場合

この本の内容のような印象で、周囲はあなたのことを見ている可能性があります。あなたにとっては、思ってもみないこともあるかもしれませんが、あくまでも傾向の一つとして自分自身を振りかえっていただければ幸いです。

身近な人たちからの指摘で納得できること、自分で気になる点などがありましたら、改善をご検討ください。

すでに何かの部分で不具合などが生じている場合は、この本の注意点を参考に、あなたの言動の見直しにお役立てください。

★目次

2 Basic Style
乙女座男子の基本

3 Future Success 乙女座男子の将来性

4 Love 乙女座男子の恋愛

5 Compatibility 乙女座男子との相性

6 Relationship
乙女座男子とのつき合い方

7
Maintenance
乙女座男子の強みと弱点

8
Option

乙女座男子と幸せになる秘訣

12星座で「いちばん男らしい」乙女座男子の取扱説明書

執筆協力＝Julia☆

1

Start Up

西洋占星学と12星座について

12星座の始まり

西洋占星学は紀元前から続いてきた

この『12星座で「いちばん男らしい」乙女座男子の取扱説明書』は、西洋占星学の12星座の乙女座の研究をもとにしています。

西洋占星学のなかの12星座ですが、日本では１９５０年頃から研究が一挙に進み、現在多くの優秀な占星術師により、もっとも信頼のおける占術となっています。

早稲田運命学研究会会長の櫻井秀勲は１９６０年頃、「女性自身」の編集部に配属になったことで、週刊誌では恐らく日本初の西洋占星学のページをつくっています。

それ以後、12星座占いは次第にポピュラーなものになっていき、女性で自分の星座名や性格、特徴を知らないという人はいないといってもいいほどです。

この12星座のもとになった西洋占星学は、はるか昔、紀元前の頃から始まっています。

始まりについてはさまざまな説がありますが、世界最古の文明である紀元前5000～3000年頃のメソポタミアの時代に生まれたという説もあります。

ここで重要なことは「文明が興《おこ》ると占いも起こる」という点です。

これは中国でも同じで、人間は占いなしでは生きられないのです。いや、日本でも武将や貴族たちは、占いを日常的に活用することで、人間の和を保ってきました。

そのようにはるか昔からの長い歴史のなかで、星の動きと自然現象、人間の運命などと結びつけ、細かい情報や研究が受け継がれて、いまのようなかたちになりました。

それだけに、この占いは正確です。

遊び半分の気持ちで読むのは、もったいない。あなた自身の一生を決めるかもしれない情報と知識が盛りこまれている、と思って参考にしてください。

ホロスコープと星の読み方

この地球に生まれた瞬間の星の位置を知る

西洋占星学は、12星座だけでなく、いろいろな情報をあわせて読んでいきます。

・12星座
・10の天体（惑星）
・12に区切られた室（ハウス）

最低でもこれらの星と、その星の位置と角度の情報を、一つの円のなかに描いたものがホロスコープ（天体図）といわれるものです。

このホロスコープを読み解くことで、その人の生まれもった資質と運命を知ることができるのです。

ホロスコープ（天体図）には、その人の生まれた日にちと時間、場所による星の配置が描かれます。それは同時に、あなたがこの地球に生まれた瞬間の宇宙の星たちの位置を知ることになります。

あなたがこの地球で生きていくために、持って生まれた才能、起こりうる未来の可能性などを記された人生の地図として活用できます。

かつてイギリスとフランスの王宮には、その国のもっとも優《すぐ》れた占星術師（アストロロジャー）が召し抱えられていました。いや、いまでもいるという話もあります。

それこそ、世界の崩壊を予言したノストラダムスや20世紀最高の占い師とされた天才キロも最初、王宮で認められたのです。

これらの占星術師は国に王子、王女が生まれると、王から命じられて、秘かにその方々の一生の天体図をつくり上げ、それには亡くなる年齢と時期まで書かれていた、といわれています。それほど当たるということです。

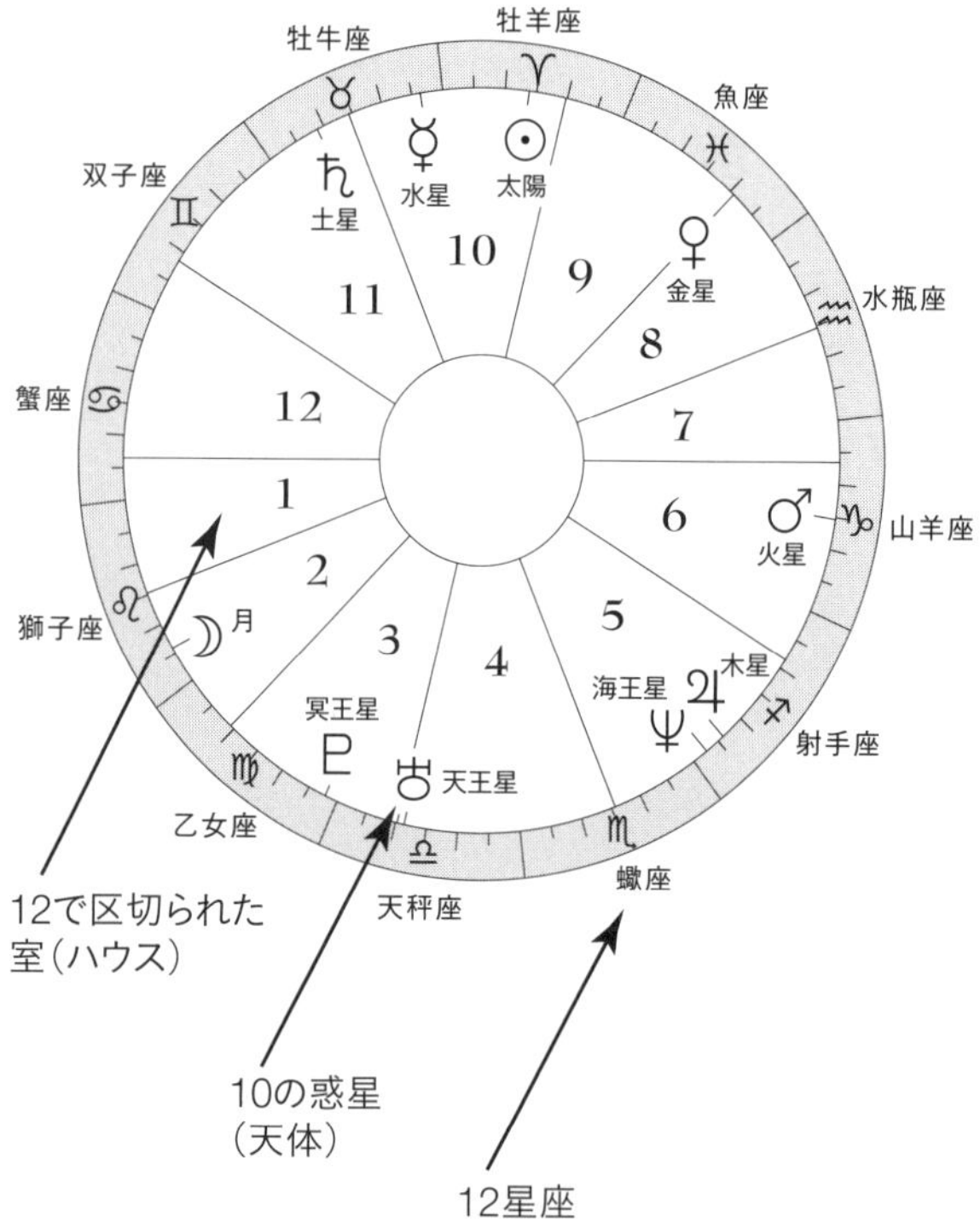

◉ホロスコープ（天体図）の基本

・いちばん外側が12星座
・その内側が10の天体（惑星）
・円の内側の数字は12に区切られた室（ハウス）

この人生のホロスコープを上手に読んでいくと、たとえば自分の苦手とすることや好きなこと、得意なこともわかります。

自分の好きなことや得意なことがわかると、自信を持って才能をのばしていくことができます。

また、苦手なことや不得意なことと、どうつき合っていくのかを考える一助にもなります。あなたの人生において、それらを克服する必要があるのか否かを見極めるのです。必要であれば、挑戦したり、そうでなければ、あえてスルーするという選択もあります。

この本では乙女座男子とつき合っている、あるいはつき合うかもしれないあなたを中心に、参考になる情報を提供していきましょう。

守護星となる10の天体（惑星）

これから起こる人生のテーマを教えてくれる

10個の天体（惑星）とは、次の通りです。

ここで大事なのは、占星学では太陽も月も惑星と見なしているということです。

天体（惑星）	記号	意味
太陽	☉	活力・強固な意志・自我・基本的な性格
月	☽	感受性・潜在意識・感情の反応パターン
水星	☿	知性の働かせ方・コミュニケーション能力
金星	♀	愛・美・嗜好・楽しみ方
火星	♂	勇気・情熱・開拓・意志と行動の傾向

木星	♃	発展・拡大・幸せ・成功
土星	♄	制限・忍耐・勤勉
天王星	♅	自由と改革・独創性
海王星	♆	直感力・奉仕
冥王星	♇	死と再生・洞察力・秘密

この10個の天体（惑星）はすべての人のホロスコープにあり、その人の持つ人格や個性のエネルギーを表します。

それぞれの天体（惑星）は、おのおのが違う速度で移動しています。そのために、その天体（惑星）の位置は移動していき、星座は変わっていくというわけです。

たとえば、太陽は乙女座の位置にあっても、月は天秤座、水星は蠍座というように、「10個それぞれが違う星座の人」もいれば、「2個は同じ星座だけど残りの8個は違う」という人もいます。

一人の人でもいろいろな星座の要素を持っていて、それがその人の「個性」となっていきます。

ホロスコープは、その人の生まれた年月日と時間と場所の情報でつくります。その人が生まれた、その瞬間の星の位置を表しますが、実際にこの10個の天体（惑星）は宇宙に存在して、つねに動いています。いまも動き、進んでいるのです。

生まれた瞬間の天体（惑星）と、いま現在の天体（惑星）の位置関係、そしてこれからも進み続ける天体（惑星）の位置関係を読むことで、その人に与えられたテーマを知ることができます。

10個の天体（惑星）の動きは、計算によって割り出され、いまでは書籍やインターネットなどで、いまこの瞬間の位置さえも簡単に知ることができます。

この10個の天体（惑星）の動き（位置）がわかると、あなたにこれから起きるテーマまでわかってしまいます。たとえば結婚などの人生の転機や、仕事での成果が得られるタイミングなども予測することができます。

けれども、それは予言ではありません。占星学は情報の一つ。それをどう活かすかは、その情報を受けとった人次第です。

たとえば結婚するのにいいタイミングが来ていたとしたら、あなたはどうするでしょうか。

いまの彼との関係を、これまで以上に真剣に考え、お互いの気持ちを確かめることができれば、星の応援を得て、一気に結婚が決まるかもしれません。

「いまの彼との結婚はない」「いまは結婚したいと思う相手がいない」という場合には、新たな出会いを求めて、婚活に力を入れてみることも、もう一つの選択です。

「いまは結婚したくない」と考えて、結婚は「次のタイミング」を待つことにするという選択もあります。

いずれにしても、選択権はその人自身にあるということです。

そして、選択したら、それに向かって努力すること。それなしに、人生を拓いていくことはできません。

仕事においても同じことがいえます。「うまくいく時期」「成功しやすい時期」を予測することはできますが、ただその時期をボーッと待つだけでは、たとえそのタイミングが来ても、思ったような展開は望めないでしょう。

成果の出るタイミングが、たとえば2年後だとわかれば、この2年間で何をするのか、ということが重要になります。

この本では乙女座の個性について著《あらわ》していますが、今後あなたが自分のホロスコープを見る機会があるときには、あなたの未来のテーマとタイミングも、ぜひあわせて見てください。そしてそのタイミングの機会を逃さずキャッチすることで、これからの計画や、実際に行動を起こすことが変わります。

自分の個性を活かしながら、未来のタイミングをつかんで、自分の人生を輝かせていきましょう。

生きる意思や基礎になる太陽星座

乙女座男子は実績と経験を積み上げていく

テレビや雑誌などでよく知られている12星座占いは、「○月○日生まれは○○座」というように、生まれた日にちで星座がわかるように表しています。

本来、西洋占星学は、生まれた日にちだけの星座だけでなく、10天体（惑星）を総合的に読みますが、そのなかでも、生まれた月日の星座は、生きる意思や基本となる資質などを表すため、とてもわかりやすくその人の特徴を知ることができます。

生まれた月日で見る星座は太陽の位置を示していることから、「太陽星座」ともいわれます。

この太陽星座は、その人がどのようにして、この社会で生きていくか、どのような生き方をするかという、その人の社会的人生の基礎となる部分であり、基本となる性格を表しています。

たとえば、生まれた場所や環境は違っても、乙女座生まれの男性は、いったんやると決めたことや約束事は、最後まできっちりこなすという共通点があります。そうして実績と経験を積み上げていくことでチャンスを自分に引き寄せていきます。

生まれた地域や家庭環境、出会う人や関わる人の違いがあるにもかかわらず、同じ星座の人は同じような言動になりがちです。

太陽星座というだけあって、太陽のまぶしい輝きのように、その人はその星座らしくあるときがいちばん輝き、その人らしくいられるのです。

太陽星座は次のように分類されています。

【12の星座】（日にちは二十四節気の中気を目安に、生まれた年によってずれる場合があります）
牡羊座――3月21日（春分）〜4月20日生まれ
牡牛座――4月21日（穀雨《こくう》）〜5月21日生まれ

双子座——5月22日（小満《しょうまん》）〜6月21日生まれ
蟹　座——6月22日（夏至《げし》）〜7月22日生まれ
獅子座——7月23日（大暑《たいしょ》）〜8月22日生まれ
乙女座——8月23日（処暑《しょしょ》）〜9月23日生まれ
天秤座——9月24日（秋分）〜10月23日生まれ
蠍　座——10月24日（霜降《そうこう》）〜11月22日生まれ
射手座——11月23日（小雪《しょうせつ》）〜12月21日生まれ
山羊座——12月22日（冬至《とうじ》）〜1月20日生まれ
水瓶座——1月21日（大寒《だいかん》）〜2月18日生まれ
魚　座——2月19日（雨水《うすい》）〜3月20日生まれ

※（　）内が二十四節気の「中気」となります。

感情のパターンを表す月星座

同じ乙女座男子でも印象が少しずつ違う理由

太陽は昼間を明るく照らし、月は夜の暗闇の静かな時間に輝きます。

昼と夜があって一日となるように、一人の人間も、表に見せている部分だけがすべてではありません。月にあたる「陰の部分」もあわせ持っています。

陰というと、暗く、悪い面のような印象を持たれるかもしれませんが、そうではありません。ふだんは見せない、隠れている面といったほうがいいでしょうか。それがあるからこそ、その人の人生に豊かさや広がりが出てくるのです。

その人の特徴を表す星として太陽星座が大きな影響を与えていることは、これまでに書いた通りですが、太陽星座の次に、無視できないのが「月星座」です。

太陽星座が社会での行動や基本になる人生の表の顔としたら、月星座は、その人の

潜在的な心の動きを表す「もう一つの顔」になります。

月星座は、その人が生まれたときに、月がどの位置にあったかで決まります。

月星座が表すものは、その人の感受性や感情のパターンです。

太陽が生きる意思であり、社会的な生き方である反面、月は感受性や感情という、その人の見えない、隠れた部分となります。

「感情」は、日常のなかで誰もが持つものです。

喜び、悲しみ、怒り、あきらめ、驚き、嫌悪《けんお》など、一日のなかでもさまざまに感情が動いていくでしょう。

でも感じたことは言葉にしないかぎり心にしまわれて、表に出ることはありません。

それだけ外には見せない「本音の自分」であるともいえます。

その感情の持ち方にも12星座の特徴がそれぞれ当てはめられており、感じ方がその月星座特有の性質となります。

たとえば、太陽星座が乙女座でも、感情の月星座は違う星座という場合もあるのです。

そのケースのほうが多いでしょう。社会的には古風に見えても、内面は現代的、という人もいることになります。

月は10個の天体（惑星）のなかでもっとも動きの速い星です。約2.5日で次の星座へ移動します。夜空の月を見てもわかるように、日に日に形を変えて移動していきます。

ところで、あなたは自分が生まれた日の月の形を知っていますか？

じつはホロスコープを見るだけでも、それがわかります。

たとえば、生まれた日の太陽（☉）と月（☽）の位置がほぼ重なっていたら、新月生まれとなります。つまり、太陽星座も月星座も乙女座だという人は、新月に生まれた人です。

また、生まれた日の太陽（☉）と生まれた時間の月（☽）の位置が真反対の１８０度の位置の場合、つまり太陽星座が乙女座で月星座が魚座の人は満月生まれとなります。これについては『月のリズム』（來夢著、きずな出版刊）に詳しく書かれています。

1ヵ月のあいだでも、月は日々刻々と、位置と形を変えて動いています。

それだけ月は動きが速いので、太陽星座が同じ乙女座生まれでも、生まれた日によって月星座は変わるのです。

太陽星座と月星座が同じ乙女座の場合は、生きる意思と感情が同じ星座なので、迷うことなく乙女座らしい生き方と感じ方ができます。

反対に太陽星座が乙女座で月星座が魚座だという人は、二つの異なる星座の要素が一人のなかに存在しています。乙女座らしい面がある一方で、その人の内面では生きる意思とは違う星座の性質も心に表れてくるので、葛藤や迷いが生まれます。

この葛藤や迷いは、その人だけが感じることであり、周囲の人にはわかりにくいものです。

「月星座」はインターネットで調べることができます。

調べるときは、生まれた月日だけでなく、生まれた時間がわかると、より正確な情報が得られます。月は動きが速いので、少しの時間の差で月星座が違う星座となる場合があるのです。

でもどうしても時間がわからない場合には、生まれた日にちの正午として調べることが通例となっていますので安心してください。

次に月星座の性格と特徴をあげてみましょう。

【月星座の性格と特徴】

牡羊座：目標に向かって積極的に突き進むことができる。熱いハートの持ち主。

牡牛座：温厚でマイペース。こだわりが強い。納得がいかないことには頑固。

双子座：好奇心が強く、言語や情報を扱うことを好む。気まぐれで二面性を持つ。

蟹　座：愛情が深く世話好き。感情の浮き沈みが激しく、仲間意識が強い。

獅子座：明るく陽気で想像力豊か。自信家でプライドが高い。

乙女座：繊細で清潔好き。分析力が高く几帳面。他者への批判精神もある。恋愛面では純粋で潔癖な面も。相手に尽くすタイプ。ストレスをためやすい。
天秤座：調和と品格を重んじる。対人関係においてもバランス感覚抜群。
蠍　座：隠しごとや秘密が得意。嫉妬心や執着心が強く、真面目でおとなしい。
射手座：精神的成長や探求を好み、自由を愛する。移り気で飽きっぽい。
山羊座：管理能力と忍耐力がある。出世欲を持ち、堅実的な計算能力が高い。
水瓶座：独創的で、楽天的。多くの人やグループとのつながりや交流が持てる。
魚　座：感受性が豊かで優しさにあふれ、涙もろい。自己犠牲的な愛情の持ち主。

太陽星座の乙女座と月星座の関係

彼の月星座は何ですか？

乙女座の基本となる性格に月星座が加わることで、同じ乙女座でも、感情の部分の違いが出ます。月星座を組み合わせることで裏の顔がわかるということです。

太陽星座が乙女座の男子を、月星座別の組み合わせで、その特徴を見てみましょう。

乙女座の基本的な性格から見れば思いがけない彼の一面のナゾも、これによって納得できるかもしれません。

この特徴は男子だけでなく、乙女座女子にも当てはまります。

【太陽星座が乙女座×月星座男子の特徴】

乙女座×牡羊座：情熱的で向上心が強く真面目。仕事熱心で我が道をいく。

乙女座×牡牛座：現実的で忍耐力がある。控えめで頑固なロマンティスト。
乙女座×双子座：頭がよく、処理能力が高い。気まぐれで優柔不断。
乙女座×蟹　座：家庭的で繊細。面倒見がよい。プレッシャーに弱く臆病な面も。
乙女座×獅子座：ドラマティックな想像力。大胆さと繊細さをあわせ持つ。
乙女座×乙女座：慎重で心配性。神経質で自意識過剰な面もある。恋愛においては純粋で相手に尽くす一方、相手にも献身的な愛情を求める。
乙女座×天秤座：センスがよい。理性的。要領がよく、高い理想を求める。
乙女座×蠍　座：思いやりがある。内向的で粘り強い。秘めた強い感情を持つ。
乙女座×射手座：自由と現実を求め、奉仕の精神が強い。知的好奇心にあふれる。
乙女座×山羊座：辛抱強く目標達成をめざす。野心家で、完璧主義者。
乙女座×水瓶座：風変わりな価値観を持つ。人に対しては平等で献身的。
乙女座×魚　座：慈悲深く繊細。夢見がちな反面、現実的でもある。

星のパワーを発揮する10天体の関係

12星座は守護星に支配されている

12星座にはそれぞれ10の天体が守護星となっています。

この守護星は「支配星」や「ルーラー」とも呼ばれており、12星座の基本的な特徴に、10の天体の表す性質が影響を及ぼしています。

長い歴史のなかでも、占星学の初期の頃は太陽・月・水星・金星・火星・木星・土星という7つの星が守護星だと考えられていましたが、その後、天王星・海王星・冥王星が発見され、占星学のなかに組みこまれました。

次頁の表では2つの守護星を持つ星座がありますが、（　）は天王星発見前の7つの天体の時代に当てはめられていたもので、天王星発見後も「副守護星」として取り入れられています。

◉12星座と10天体（惑星）

12星座	守護星：天体（惑星）	守護星が表すもの
牡羊座	火 星	勇気・情熱・開拓・意志と行動の傾向
牡牛座	金 星	愛・美・嗜好・楽しみ方
双子座	水 星	知性の働かせ方・コミュニケーション能力
蟹　座	月	感受性・潜在意識・感情の反応パターン
獅子座	太 陽	活力・強固な意思・自我・基本的な性格
乙女座	水 星	知性の働かせ方・コミュニケーション能力
天秤座	金 星	愛・美・嗜好・楽しみ方
蠍　座	冥王星	死と再生・洞察力・秘密
	（火星）	勇気・情熱・開拓・意志と行動の傾向
射手座	木 星	発展・拡大・幸せ・成功
山羊座	土 星	制限・忍耐・勤勉
水瓶座	天王星	自由と改革・独創性
	（土星）	制限・忍耐・勤勉
魚　座	海王星	直感力・奉仕
	（木星）	発展・拡大・幸せ・成功

それによって蠍座・水瓶座・魚座が、２つの守護星を持つわけです。

守護星のそれぞれの特徴は、前頁の表のように12星座に強く影響します。

乙女座の守護星は水星。双子座も同じ守護星です。

同じ守護星を持つ星座には共通点があり、たとえば牡牛座と天秤座は、どちらも金星が守護星で、美しいものに惹かれる傾向があります。

乙女座と双子座の共通点は、頭のよさです。知性とコミュニケーションを司《つかさど》る水星を守護星に持つ乙女座と双子座は、どちらも頭の回転が速く、人づき合いを大切にします。

乙女座は、特定の専門分野や緻密《ちみつ》なことを得意とし、気くばりがとても上手です。双子座は言葉や情報に好奇心を持ち、人を楽しませたり喜ばせたりすることにそれらを使います。同じ守護星でも表現方法は異なりますが、知的欲求が高いこととコミュニケーション能力が高いところが共通しています。

2

Basic Style

乙女座男子の基本

乙女座男子の特徴

伝統を重んじるサムライ的生き方

ではいよいよ、乙女座男子の性格の特徴を調べていきましょう。

西洋占星学では、春分の日（3月21日頃）を1年の始まりの日としています。

春分の日から始まる12星座のなかで、乙女座は牡羊座から数えて6番目の星座です。

牡羊座で始まり、生まれてから6つ成長した位置が乙女座ということになります。

6番目の星座ということは、12星座の真ん中に当たる星座でもあります。

西洋占星学では牡羊座から始まり、乙女座までの星座を自己成長の星座とし、天秤座から魚座までの星座は社会性での成長を表します。牡羊座で生まれた赤ちゃんが成長し、乙女座で一人の人間として完成するのです。

一人の人間として成長するあいだに、知性や感情、創造性が備《そな》わりました。そして乙女座では人として生きるために、自分を守る力と生きていくための知恵を働かせることができるようになりました。

自分を守るという防衛本能は、「健康」「自分の生活」「仕事」などに使います。

知恵は、「学ぶ」「継続する」「コミュニケーションをとる」ということに使います。

乙女座の知識や情報を処理する能力は、12星座のなかでもトップクラスでしょう。

一つのことをじっくり掘り下げて、周囲の人が「そんなところまで！」とびっくりするくらいに、その道を究《きわ》めます。

こんなふうに言うと、自分の世界に閉じこもる学者肌の人を想像するかもしれませんが、知性と共にコミュニケーションを司る水星を守護星に持つ乙女座は総じて「人あたりのいい人」です。つねに自分の周囲に気をくばり、困った人がいれば、さりげなく、その人をフォローしたりします。相手が知り合いかどうかは関係なく、自分のまわりの人の状況を察知して、スマートに対応することができるのです。

困っている人に対して、いきなり「あなた困っているでしょう？」というような失礼な言い方はしません。

秩序や礼儀を重んじる乙女座には、「無礼である」というのは絶対に「やってはいけないこと」「あり得ないこと」です。

礼儀は、社会生活において秩序を守ることから生まれました。人と人が交流するうえでの作法の一つなのです。価値観や表現方法は個々で違いがありますが、つねにそれを重んじるのが乙女座の特徴でもあります。

それは、まさにサムライのような生き方といっても過言ではありません。

「サムライ」とは武士のことですが、その言葉は織田信長や豊臣秀吉の時代に生まれ、もともとは「守る」ということの意味から転じた言葉のようです。

主君を守り、社会の秩序を守ることこそが、サムライの本懐《ほんかい》です。

「武士は食わねど高楊枝《たかようじ》」ということわざがあります。武士は貧しくて食事に困っているようなときにも、いま食べたばかりのように悠々と楊枝をくわえて見せるということですが、これこそが乙女座の姿。たとえ、やせがまんといわれようとも、決して人に媚《こ》びることなく、冷静沈着な自分を演出します。

それぞれに違いはあっても、自分なりのルールを持ち、それを秘《ひそ》かに守っています。そのルールは、自分にとっては当然かつ絶対のものなので、知らずしらず、人にもそれを押しつけてしまうところがあります。本人は、押しつけているつもりはないのですが、相手には、そう感じるのです。

「〇〇でなければならない」

乙女座男子は、つい、この「ねばならない」を言いがちですが、それは口先だけで言っているのではなく、彼の頭には、その考えがつねにあるのです。

言われたほうからすれば、叱られたような気分になるかもしれませんが、強制的な圧をかけようとしているわけではありません。

だから、こちらが毅然《きぜん》とした態度を示せば、とたんに言い方を弱めたり、あるいはその場から去ってしまったり。自分からケンカをしかけるということはありません。

サムライは、主君あっての自分ですから、表に出たいと思うことはあまりありません。地味な仕事でもコツコツこなして、周囲の信頼を得ていく人です。

もちろん、ここぞというときには戦います。ふだんケンカをしないのは、無駄な戦いはしないということであって、自分の守るべきもののためには、エネルギーを全開にして、それに挑《いど》んでいきます。

では、そんな乙女座男子の「基本」を押さえておきましょう。

【乙女座男子の基本】
守　護　星：水星
幸運の色：グレー・アースカラー
幸運の数：5
幸運の日：5日・14日・23日
幸運の石：めのう・サファイヤ
身体の部位：腹部、腸、脾臓、神経系・肝臓

その他：ガーデニング・アロマグッズ・水曜日

【乙女座男子の資質チェックシート】

□　趣味でも仕事でも、のめりこみやすい
□　よく気がつく
□　無駄なことはしたくない
□　新しいことはよく調べてからでないと動けない
□　よくお腹をこわす
□　気にしすぎと言われる
□　じつは野心がある
□　シンプルがいちばんいいと思う
□　潔癖なところがある
□　散らかっているとイライラしてしまう

資質チェックシートで3つ以上「✓」があれば「乙女座」の典型男子といえます。「彼にはまったく当てはまらない」という場合には、彼には「太陽星座」以外の惑星の影響が強く出ている可能性があります。

前にホロスコープについて書きましたが、人が生まれたときの星の位置によって、それぞれの性格や資質といったものの傾向を見ていくのが西洋占星学の基本です。

彼が「乙女座」だというのは、太陽星座が乙女座だということですが、それは、生まれたときに太陽が乙女座の位置にあったということです。

そして、その人の性質の傾向は太陽星座に大きく影響されますが、人はそう単純ではありません。

同じ日、同じ時間に生まれた双子でさえ、その性質には違いがあります。それはもちろん西洋占星学だけでは説明のつかないこともありますが、その人の詳細なホロスコープを見れば、その違いがわかります。

同じ乙女座でも、みんなが同じということはありません。

たとえば前でも紹介した月星座を見ることでも、また別の分類ができます。

人によっては、あるいは同じ人でも、つき合う相手との関係においては、太陽星座よりも月星座の性質が強く出ることがあります。

また、「資質チェックシート」で彼に当てはまるものが少なかった場合に考えられるのは、彼があなたに本当の姿を見せていないということです。

慎重で真面目な彼は、つねに不安を抱えているということもあります。急に無口になったりしたときには、なにか気になることがあるのかもしれません。そんな彼の本音を探り理解していくことが、彼との関係を縮める一歩になるはずです。

乙女座男子の性格

慎重！　綿密！　真面目！


あなたは自分の性格をどんなふうにとらえているでしょうか。

性格というものは親からの遺伝によるところも大きいでしょうが、親とはまったく似ていないという人も大勢います。

ではその性格はどうやって形づくられるのかといえば、それは生まれたときの宇宙の環境、つまり星の位置によって決まるといっても過言ではありません。

12星座にはそれぞれ性格の特徴があります。それぞれに、よい面もあれば、悪い面もあります。

乙女座男子にも次にあげるような長所、短所があります。

［長所］　　　　　　［短所］
慎重　　　　　　　　⇔　臆病
綿密　　　　　　　　⇔　神経質
高い分析力　　　　　⇔　批判的
真面目　　　　　　　⇔　取り越し苦労をしがち
金銭管理能力がある　⇔　ケチに見える

長所と短所は背中合わせで、よいところであっても、それが過剰に表れれば、短所として他の人には映ります。

乙女座は12星座のなかでいちばん慎重な星座です。また、水星という知性の星を守護星に持つ乙女座は、知りたいという欲求が抑えられません。気になったことや新しいことは徹底的に調べたり、研究したくなるのが乙女座の性格です。

ただし乙女座男子は、アクティブに行動するタイプではありません。そのために、

「口ばっかり」と思う人がいるかもしれませんが、サムライ的生き方をよしとする乙女座男子は、臆病者ではありません。ただ無謀に進むことをしないだけです。

頭のいい彼は危険回避能力に優れています。それだけ危ないことに気がつけるということです。だからこそ他の人が気にしないような、細かなことまで気になります。

昔のドラマなどで、口うるさい姑《しゅうとめ》が、嫁が掃除した部屋のホコリをチェックするシーンがありますが、乙女座チェックは、これに近いものがあります。

けれども、決して意地悪な気持ちで、それをするのではありません。気づいてしまったら、乙女座は黙っていられないのです。

そして、そのことに気づいた時点で、なぜ汚れてしまったのか、またはどうやったら汚れずに済むかということも考えています。調査したり、詳しく調べることで改善していきたいと思い、そのための指摘がつい厳しくなるわけです。

乙女座は与えられた仕事やポジションで、その役割をしっかり果たそうとします。

細かなことに気がいきすぎて取り越し苦労で終わることもありますが、たいていは、安心する環境づくりやミスの軽減につながっていきます。

乙女座は無駄なことが嫌いです。それは金銭感覚にも発揮します。

自分が無意味と感じるものに投資することはありません。決してケチなわけではありませんが、必要がないと思うものにはお金を使わないので、時に、周囲からは「ノリが悪い」と思われることがあるかもしれません。

けれども、パートナーとして見た場合には、それはむしろプラスではないでしょうか。結婚しても、お金に無頓着《むとんちゃく》で、人に言われるままに出してしまう人では、二人の生活に支障が出ます。乙女座男子にかぎっては、そういう心配はないといっていいでしょう。

乙女座男子の彼は、多少細かい部分もありますが、人を傷つけたり、一人で暴走したりしてしまうことはありません。そんな乙女座の本質を知り、彼のペースや言動に振りまわされることなく、自分らしく、上手につき合っていきましょう。

神話のなかの乙女座

目的が達成されるまで、あきらめない

夜空に広がる星たちは、さまざまな星座を形づくっています。あるときは勇者であったり、あるときは動物や鳥などの生き物、または日常で使う道具となって語り継がれ、その多くは神話として残されています。

現代では夜も暗くならない都会や、空気の悪い場所では、とても明るい光を放つ星以外、星座という形で見る機会は、少なくなってきました。

それでも、そうして神話が語り継《つ》がれてきたからこそ、私たちは星座の一つひとつを知り、その教訓を星の教えとして学ぶことができます。

乙女座には二つの神話があります。やはり乙女座らしく、どちらも女神が主人公になっています。

一つは、ペルセフォーネと母親デメテルの話です。

ペルセフォーネは、デメテルとゼウスの娘として生まれました。母親デメテルは豊穣《ほうじょう》の神、父は全能の神ゼウスです。大切に育てられたペルセフォーネでしたが、ある日冥界《めいかい》の王にさらわれて、お妃《きさき》にされてしまいます。

娘をさらわれた母デメテルは、悲しみのあまり閉じこもってしまいます。豊穣の女神が姿を隠したために、すべての農作物は育たなくなってしまいました。困ったゼウスは、ペルセフォーネを戻すことを冥界の王に命じますが、すでに、ペルセフォーネは冥界の果実であるザクロを食べてしまっていたのです。

冥界の食物を口にした者は、そこから戻ることはできません。けれどもペルセフォーネは、一年のうちの4ヵ月だけは冥界で過ごすという約束で、地上に戻ることができました。

このことから四季が生まれたとされ、ペルセフォーネが冥界にいる4ヵ月間は地上に食物が育たない冬となり、残りの8ヵ月が春・夏・秋となったのです。

乙女座の乙女は、このデメテルまたはペルセフォーネだという説があります。

もう一つの説では、正義の女神アストライアこそが乙女座の乙女とされています。

ギリシャ神話には、「黄金の時代」という世界が出てきます。この時代は、病気もなく、人は死なず、また働かなくても幸せにすごすことができました。

ところが人間はしだいに堕落《だらく》していき、争いや殺し合いを始めるようになります。

その様子に神々は呆れ果て、人間たちを見放して、地上から去っていきました。

けれども、女神アストライアは、最後まで人間の可能性を信じ、地上にとどまったのです。アストライアは、乙女座の次の星座である天秤座の天秤を持っていた女神ともされています。


乙女座には、ここで紹介した以外にも、いろいろな神話が残されています。

それだけ、この星座には、人の想像をかき立てる魅力があるのでしょう。それはそのまま、乙女座男子にも受け継がれています。

娘をさらわれて悲しみにくれる豊穣の女神デメテルは、乙女座の持つ繊細さを表しています。

冥界と地上を行き来するペルセフォーネは、状況を察しながら、その環境に合わせて生きていくことを強《し》いられています。

正義の女神アストライアは、人間たちに対して最後まで希望を持って信じる強さがありました。

それぞれに、乙女座の性質を象徴するものになっています。

男性であろうと、女性であろうと、乙女座には、やさしく協調性があり、どのような環境でも、上手に生き抜いていく術《すべ》や知恵があります。

そして何より、その行動は正義感に満ちて、たとえ一人になっても、自分が信じたものを貫く力があるのです。

乙女座男子のキーワード

「I analyze」（私は分析する、調べる）

星座にはそれぞれ、キーワードがあります。

乙女座のキーワードは「I analyze」（私は分析する、調べる）。

分析すること、調べることは乙女座の得意とするところで、それこそが乙女座の使命といってもいいくらいです。

けれども、「分析する」「調べる」ということを、日常生活で意識している人は多くはいないでしょう。

いまでは、スマホがあれば何でも簡単に調べることができます。だからといって、それをどれだけ活用しているでしょうか。人は、いつでもできると思うことは、疎《おろそ》かにしがちです。なにか新しい言葉や情報を聞いて、「あとで調べよう」と思っても、ついつい、そのままにして、忘れてしまうという人がほとんどではないでしょうか。

けれども乙女座は違います。仲間と飲み会をしているようなときでも、自分が知らないこと、気になったことがあれば、スマホやタブレットを取り出して、その場で調べ始めたりします。「知りたいこと」をそのままにしてはおけないのです。

そうして得た情報は乙女座男子のなかで蓄積されて、仲間内では、「あいつは物知りだ」「情報通だ」と思われている人が多いでしょう。

それは自慢に思ってもいいほどですが、本人は、そのことをあまり特別なこととは思っていません。

知り得た情報を調べたり分析したりすることは、乙女座の本能といえるもので、自分が納得できれば、それでよいのです。

「能ある鷹《たか》は爪を隠す」といわれる通り、乙女座男子は自分の知識をひけらかすことはありませんが、いざというときには頼りになります。

たとえば職場でトラブルが起きて、みんながパニックに陥《おちい》るような事態になっても、乙女座男子は、そのトラブルを冷静に受けとめ、もとの原因を探ろうとします。

トラブルというのは、落ち着いて考えたら、思ったほど大ごとではなかったということがほとんどと言ってもいいでしょう。乙女座男子は、そのことに気づかせてくれるような役割を果たすところがあります。

言い換えれば、他の人にとっては大変な問題も、彼の知識と分析力で、たちまちのうちに解決できるということがあるのです。だからといって、その登場のしかたは、スーパーマンのように華やかなものではありません。

乙女座男子の性格に、スター性があるかというと、答えはNOです。けれども、だからこそ、彼のやることには信頼できる説得力があるのです。

何事にも緻密に対応できる彼は、浮き足立った逃げ腰の行動はしません。つねに地に足がついた振る舞いができる人です。

職場で困っている人がいれば、誰にでも親切に教えようとしてくれるでしょう。

「わからないことがあったら、彼に聞くのがいい」

あなたも、そんなふうに思っている一人ではないでしょうか。乙女座男子は、そんな周囲の人たちの期待に応えられる人でもあります。

それくらい何でも知っている、というほど、彼の知識はあらゆる情報でいっぱいです。

本書では乙女座男子を12星座で「いちばん男らしい」としていますが、それは、たとえば獅子座の王様的な男らしさとは、少し違います。

乙女座男子は、それよりも紳士的といったほうがいいでしょうか。丁寧で、清潔感があり、つねに女性よりも半歩前を歩くようなイメージです。

逆にいえば自分よりも前に出る女性は好みません。彼にとって、女性はいつも男が守るべき存在です。

自分の愛する女性ならばなおさらで、自分が彼女にとって「頼りがいのある男性であること」がとても大事なのです。

だから、そのための努力を惜しむことはありません。彼女が望むことを調べ、分析して、それに近づこうとします。

「愛する人の願いを叶えたい」

「愛する人のために自分のすべてを与えたい」

と考えてくれるのです。

こういうと、自己犠牲的なタイプなのかと思われるかもしれませんが、決してそうではありません。

人に「与えられる人」は、「自分がある人」だからです。

乙女座男子は、仕事においても、自分の生活においても、一人できちんとできる人です。自分のことがしっかりできているからこそ、愛する人のためのことを考えられるのです。次の章ではそんな乙女座男子の将来について見ていきましょう。

3

Future Success

乙女座男子の将来性

乙女座男子の基本的能力

真面目で正しい行動に信頼が集まる

乙女座男子は真面目です。

「真面目」というのは、いいかげんなところがなく、どんなときにも真剣で本気ということです。

乙女座は、そのキーワードの通り「分析する」ことが得意な星座なので、つねに自分の心も分析しています。

「これは正しい行動か、ずるいことではないか」

そんなふうに、自分に確認しているところがあります。

自分だけがよければいいという考えもありません。誰かの役に立つことが、乙女座男子には大切なことなのです。

仕事をテキパキこなす乙女座男子は、無駄なことや、きちんと整っていないことが嫌いです。職場のデスクまわりというのは乱雑になりがちですが、乙女座男子は、自分のデスクはもちろん、みんなで使う備品や書類なども整理したりします。それをすることで、職場全体の効率を上げることを考えているのです。

それをするのは「みんなのために」ということはもちろんありますが、そうしないと自分が気持ちが悪いということもあるでしょう。

無駄をなくすこと、利益を上げることは、乙女座にとっては「仕事なら当然のこと」で、そのためにどうしたらよいかということが、いつも頭にあります。

そんな彼は、目立たない作業でも嫌がらずに取り組みます。たとえそれが面倒な作業であっても、自分が納得できることなら、とことん続けることができるのです。

他の人からすれば、

「そんなことをして、何になるんだ」

と思うようなこともあるかもしれません。

「そんなところに手間をかけても無駄じゃないか」

ということもあるかもしれません。

けれども、無駄なことは嫌いな乙女座男子です。その彼がしていることで、無駄なことはないはずです。いまは無駄に思えても、あとできっと役に立ちます。

彼は自分が「やるべきこと」と決めたら、それをしっかりとこなします。

大抵の人は、楽な仕事や目立つ仕事をやりたがるものです。それでさえ、つい手を抜いてしまうことがあるかもしれません。

乙女座男子だって、面倒なことはできれば避けたいと思っています。けれども、目の前の仕事は何があっても、「しなければならない」という気持ちが強く、それを完璧にやり遂げる力があります。

それこそが、乙女座男子のポリシーだからです。

「ポリシー」とは、物事を行うときの方針や原則のことですが、乙女座男子は「完璧にやり遂げること」を途中で投げ出したり、あきらめたりしてしまうことがありません。

「控えめだけれど、とても有能」

職場での彼は、そんなふうに思われているのではないでしょうか。

正しく生きるというのは、時には本人にはつらいこともあるかもしれません。それでも、そうした彼の姿勢に人は信頼を寄せるのです。

彼に対する信頼が厚ければ厚いほど、それが将来の力になっていきます。そんな彼を後ろから支えることで、あなたも人として、女性として、その魅力を磨いていくことができるでしょう。

【乙女座男子のスペック】

行動力：★★☆☆☆（2つ星）コツコツと地味ではあるが確実

体　力：★★★☆☆（3つ星）ストレスに弱い

情　熱：★☆☆☆☆（1つ星）ドライな面がある

協調性：★★★☆☆（3つ星）気くばり上手

堅実さ：★★★★★（5つ星）とにかく真面目

知　性：★★★★★（5つ星）調べることが大好き

感受性：★★★☆☆（3つ星）その場の空気を読める

総合的な将来性：★★★☆☆（3つ星）

乙女座男子の適職

正確な答えを求められる仕事に向いている

細かいところまでよく気がつく乙女座男子は、「正確な答えを求められる仕事」に向いています。たとえば数字を扱う仕事、時間や進行を管理する仕事などが適職です。どのような仕事に就いても、他の人がつい見落としてしまいがちなところにまで注意が行き届いて、うっかりするということがありません。

素晴らしい才能ですが、そのことに本人は、あまり気づいていないかもしれません。才能というのは、その人にとっては努力しなくてもできる当たり前のことなので、本人には、その価値がわかりにくいものです。でも、彼の近くにいて、ふだんの彼をよく見ている人なら、納得できるのではないでしょうか。

「私は分析する」をキーワードに持つ乙女座男子は、情報を集めたり、分析したりするような職業もよいでしょう。

情報化社会のいま、情報収集が必要でない仕事などないといっても過言ではないことを考えれば、どのような仕事についても、乙女座男子は、その才能を活かしていくことができます。

技術やスキルは、身につくまでには時間がかかります。途中でやめてしまうのでは、たとえ才能に恵まれても、それを習得することはできませんが、乙女座男子には、一度やると決めたことは、つらくても続ける力があります。

完璧主義であるがゆえに、自分のレベルを上げていくことができるのです。

緻密な作業や、ルーティンワークのような同じことを繰り返す作業でも、手は抜きません。簡単な仕事であってもミスが出ないよう細心の注意を払い、自分なりに工夫したりします。

乙女座男子は、人の感情の動きも敏感に察知します。周囲の人をサポートしたり、誰かを支えるようなポジションでは、「頼れる存在」として認められます。

デキる社長には有能な秘書が、有名な俳優やアーティストには凄腕《すごうで》のマネージャーがいるものです。輝く人の横には、細やかな気くばりと実務ができる人が必ずいます。その実務ができる人として、もっとも信頼できるのが乙女座男子です。

【乙女座男子が向いている職業】
医師、会計士、税理士、会計関係、プログラマー、編集者、翻訳家、統計学者、教育関係、秘書、カウンセラー、マネージャー、評論家、探偵

【乙女座男子の有名人】
宮沢賢治、小澤征爾、矢沢永吉、長渕剛、マイケル・ジャクソン、井上陽水、中村獅童、石川遼、東国原英夫、松本人志、松坂大輔、松本潤、国分太一、西川貴教、楳図かずお

乙女座男子の働き方

丁寧に、基礎から固めて将来につなぐ

頭がよく完璧主義の乙女座男子は、目の前の仕事を確実に遂行《すいこう》します。日々の小さな目標や仕事をコンプリートしていくことが、彼にとっての喜びであり、自分の「使命」と考えています。

小さなことばかりを気にして、将来のことなどには目がいっていないように思われるかもしれませんが、乙女座男子にしてみれば、将来のことを真剣に考えているからこそ、目の前の仕事を確実にこなしていくことが大事だとわかっているのです。

だから、たとえ大きなプロジェクトに関わることになっても、小さな部分を疎かにすることはありません。そうして、しっかりとした土台を築き上げて完成させるのが、乙女座のやり方です。

何かをスタートするとき、まずは大きな枠組をつくってから、細かなことを詰めていくタイプと、基礎的な部分を固めてから、大きく仕上げていくタイプがいますが、乙女座は後者です。

基礎ができていなければ、いざ大きくするというときに、土台が崩れてしまうかもしれません。少しくらい遠まわりしても、着実な方法をとったほうがいいと乙女座は考えます。

そんな乙女座男子にとって、「とりあえずやってみる」というのは理解できません。どのようなことでも、丁寧に取り組んでいきます。

傍《はた》から見ていると、「それはもっと大雑把《おおざっぱ》にしてもいいんじゃないか」と思うようなことがあるかもしれませんが、そうしないところが、職場で「なくてはならない存在」として評価されるポイントです。

頭のよい乙女座はもちろん頭脳プレーも得意です。

仕事で必要な情報を集めたり、正確な資料をつくったりします。薄っぺらな情報や、ぼんやりとした内容では自分が納得できないので、細かな部分までリサーチします。仕事を進めていくときには、無駄を省《はぶ》いたり、ミスを見つけ出したり、一緒のチームにいれば、彼ほど心強いメンバーはいないといってもいいでしょう。

ビジネスの場では、数字や文字のちょっとした間違いが、大きな損失につながることがあります。乙女座男子の緻密性が、そうした事態を未然に防いでくれます。

控えめだけれど、丁寧で間違いのない乙女座男子の仕事のしかたは、見習う価値あり、です。

乙女座男子の金運

堅実にお金を貯められる人

乙女座男子は、実務能力と管理能力が高い星座です。

どのようなことにも、与えられた状況、条件のなかで、ベストな選択をしていけるよう生まれながらにプログラミングされているといってもいいほどです。

そのため無駄を嫌い、その傾向は、お金の面でも顔を出します。

お金を貯められない人は、自分の収入以上にお金を使う人です。給料がどんなに高くても、それ以上に使っていたのでは、お金はいつも足りないばかりです。

管理能力が高い乙女座男子は、お金のこともしっかりと管理できます。

計画を立てて、その計画通りにお金を使っていきます。

そのせいで、人によっては、「あの人はケチだ」と思うことがあるかもしれません。

乙女座男子は、必要なものとそうでないものを見極めて、お金を使います。だから、「自分には必要がない」と思えば、「一銭も出したくない」し、それを実践します。逆に、「自分には必要なものだ」と思えば、他の人から見たら高額で、無駄に思えるものでも、あっさりお金を使ってしまうこともあります。

それでも、堅実な金銭感覚の持ち主であることには変わりません。

月々の生活費は予算を決めて、その範囲で暮らしていきます。結婚資金や老後の蓄《たくわ》えなどの生活設計を若いうちから考えて、実際に貯蓄している人もいるでしょう。

一攫千金《いっかくせんきん》を狙うような仕事に就いたり、儲け話にホイホイついていったりするようなことはありません。

そう考えると、乙女座男子の金運は、大きなお金に恵まれることはないのかと思うかもしれませんが、一概にそうともいえません。

堅実な使い方、計画的な貯蓄ができる人こそ、本当のお金持ちになれる可能性が高いのです。

お金の面ではリスクを負わないので、まずマイナスになる心配がありません。そうであれば、年月がたつほど、財産は増えていくというわけです。

右肩上がりどころか、現状維持すらも難しそうな不安定な日本経済において、堅実な金銭感覚を持つことは大切です。その意味で、乙女座男子は、パートナーとして安心できる存在であり、将来の可能性を秘めているといえるでしょう。

なかには、「投資も嫌いじゃない」という乙女座男子もいるかもしれません。実際に、利益を出している人も少なくないでしょう。

乙女座男子が堅実な経済感覚を持っていることに変わりはありませんが、彼は、情報を得て、分析するのが得意なのです。その才能を投資に活かせば、大きなお金を手にする可能性も充分あります。

乙女座男子の健康

腹部、腸、脾臓、神経性の病気、肝臓に関する病気に注意

太陽の位置や月の満ち欠けという星たちの動きは、自然界だけでなく、人の身体にも大きな影響を与えています。

たとえば、太陽の光が輝く昼間は活発に動き、夜になると眠くなるという日常の身体の現象をはじめ、女性の生理周期は月の周期とほぼ同じです。また、満月の夜にいっせいに産卵するウミガメや珊瑚の例もあります。人間でも満月の夜に性交する男女が多いことを、以前、英国の軍隊が確認したというレポートもあるほどです。

医学の父と呼ばれるヒポクラテスも占星学を研究し、実際医療に活用していました。これを占星医学といいますが、12星座の身体の部位との関係は否定できません。

［星座］　［身体の部位と、かかりやすい病気］

牡羊座――頭部、顔面、脳
牡牛座――耳鼻咽喉、食道、あご、首
双子座――手、腕、肩、肺、神経系、呼吸器系
蟹　座――胸、胃、子宮、膵臓、食道、消化器系、婦人科系
獅子座――心臓、目、脊髄、循環器系
乙女座――腹部、腸、脾臓、神経性の病気、肝臓
天秤座――腰、腎臓
蠍　座――性器、泌尿器、腎臓、鼻、遺伝性の病気
射手座――大腿部、坐骨、肝臓
山羊座――膝、関節、骨、皮膚、冷え性
水瓶座――すね、くるぶし、血液、血管、循環器系、目
魚　座――足（くるぶしから下）、神経系

前頁の一覧を見ると、乙女座は「腹部、腸、脾臓、神経性の病気、肝臓」となっていて、その部位の病気にかかりやすいのです。

ここで重要な点は、健康問題が起きやすいということは、その部位をしっかり使っているともいえるのです。乙女座の注意すべき部位に「脾臓・肝臓」がありますが、脾臓は左の上腹部にあって免疫力を上げたり、古い赤血球を取り除いたりする働きがあります。肝臓は解毒《げどく》や代謝、胆汁《たんじゅう》の生成などをしています。

ところで、乙女座の記号「♍」は若い女性の美しい髪を表しているとされています。ふつうの女性の髪ではなく、「若い女性の美しい髪」であるところがチェックポイントです。このような髪の状態を維持するには、体内をめぐる血液をつねにきれいにしておかなければなりません。そのために脾臓、肝臓が大活躍するわけです。

乙女座生まれの人は、「腸や神経系」にも注意が必要ですが、それは日ごろから頭をよく使い、周囲の状況に気をくばっているせいだと考えられます。

頭を使っているのになぜ腸の病気なのかというと、腸は「第二の脳」とも呼ばれるほど、脳ととても仲良しな器官なのです。人は、脳の指令によって、手足や感情、その他すべてが動かされています。体内の器官も例外ではありません。ただし、腸だけは、脳の指令がなくても、動くことができるのです。それどころか、腸からの情報によって脳が他の器官に指令を出していることもあります。

つねに神経を張りつめて仕事や生活をしている乙女座は、頭がずっと回転している状態なので、その負荷とストレスで神経と腸に影響を受けます。

ストレスでお腹が痛くなって、トイレから出られないことがあるという人も多いでしょう。几帳面で人にも気遣いができる乙女座は、つねに神経を使っていて、心から休まるという時間を持ちにくいのです。そうした無理が重なって病気として現代に多いのは、過敏性腸症候群や大腸がんなどです。

日頃から健康にも気をつけている乙女座ですが、完璧主義ゆえに、過剰に健康管理にうるさくなったりします。

身体にいい健康食品があると知れば、それを試し、また新しい情報を得れば、別の健康食品を試してみるという具合です。

乙女座はもともと管理能力の高い星座です。本人も健康のことにもちろん気を遣って注意していますが、細かいストレスから他の病気を引き起こしやすい星座でもあります。

他の人にはわからない部分で小さなストレスをためやすいので、身近にいるあなたがそばで彼を気遣ってあげるようにしましょう。

温泉でゆっくりすごしたり、アロマを使ったマッサージをしたり、気持ちが落ち着くように深呼吸をしたり、瞑想したり、ヨガをしたりするのもよいでしょう。

気分転換やリラックスできる環境をつくって一緒に楽しんでみましょう。

乙女座男子の老後

若い頃と変わらない体型をめざす

つねに礼儀正しくありたいと生活をしている乙女座男子は、いくつになっても身だしなみを整え、加齢臭とは無縁な雰囲気を漂《ただよ》わせているでしょう。どこかこざっぱりとした感じから、同世代の人たちはもちろんのこと、下の世代の人からも好かれます。

実際に、乙女座の人は、年を重ねても若々しい人が多いのです。いつも自分なりにきちんと生活してきたライフスタイルは、若い頃から変わりません。

健康管理についても、病気にならないよう食事や運動に気をくばって考え、実行します。そのために年齢を重ねても「体型は変わらない」という人が多いのです。少なくとも、本人はそうなるように努力しています。

また、若い頃から自分が「これは」と思ったものにはのめりこみやすい傾向がありましたが、仕事や子育てなどが一段落して時間ができれば、思う存分、自分で自分の時間を使うことができます。

趣味で始めたことが、いつのまにか玄人《くろうと》はだしのレベルにまで達したり、という人も多いでしょう。

周囲の人たちには印象のいい乙女座ですが、気の置けない仲間や家族になると、皮肉屋の面が顔を出します。

テレビなどで流される情報に、

「○○は○○しないからいけないんだ」

「○○は○○するべきだ」

などと本気で怒ったりします。まるで家のなかに評論家がいるようで、家族は辟易《へきえき》しているかもしれません。

情報通で、なおかつ頭のいい乙女座だからこそ、批判もできるわけですが、それが家族に向かうこともあります。

妻やパートナーに、家事などの細かいことまで口を出すようになったりします。せっかくの手料理にも文句を言ったりしますが、本人には悪気はありません。「相手のためを思えばこそ、改善点をアドバイスしている」ようなつもりなのです。

これは、広い心で聞き流すしかありません。

「そんなことを言うものじゃない」と諭《さと》したところで、細かなところに気づいてしまうのは、乙女座の性分ですから、あきらめるよりしかたがないわけです。

乙女座にかぎりませんが、現役をはずれたりすれば、関わる人の数は減っていきます。活動の場所もかぎられ、視野が狭くなりがちです。そのために、自分ではそんなつもりがなくても、話がくどくなったりすることがあります。

たとえ気づいても、口に出さなくてもいいことがある、ということがわかるのも年の功です。生活の改善より、目の前の相手の気持ちを優先する。そんなところに気がついてくれることを願うばかりです。

ときどき耳の痛いことも言いますが、彼と一緒にいるからこそ快適な生活が保たれていくということもあるでしょう。

若い頃なら文句にしか聞こえなかったことも、健康へのアドバイスとして受け入れられるかもしれません。お互いの年の功を活かしながら、心の豊かな老後をすごしていけるとよいですね。

4

Love

乙女座男子の
恋愛

乙女座男子が惹かれるタイプ

控えめで賢い女性が好き

いつも爽《さわ》やかで、しぐさや会話にどこか知性があふれている乙女座男子は、清潔感のある女性が好きです。

たとえば洗い立ての綿のブラウスやワンピースを着ているような、そんな清楚で純粋な雰囲気のある女性に惹かれます。

「綿のブラウスなんて、イメージがちょっと一昔前すぎる？」とツッコミを入れたくなりますが、もともと乙女座男子は、古風な考えを持っていて、自分のつき合う女性にも、それを求めているところがあります。

「女性ならば、部屋は整理整頓されているはず」

「女性ならば、料理が好きで得意なはず」

「女性ならば、三歩下がって男を立ててくれるはず」

というような憧れに近い思いを抱いています。

だから、職場でデスクまわりが散らかっていたり、汚れた靴を履いていたり、化粧ポーチを机の上に出しっぱなしにしているような女性は、論外です。

自分から動くタイプではないので、明るくて積極的な女性は嫌いではありませんが、それも程度問題で、彼の話に割りこんだり、大きな声で話したりする女性には、魅力を感じないどころか、ちょっと引いてしまいます。

頭のいい乙女座は、教養のある人が好きです。

自分の話に興味を持って、感心してくれる女性は大歓迎ですが、何を話しても知らないことばかりでは、話も二人の関係も、盛り上がっていきません。

学んだり、調べたりすることが好きな乙女座男子は、それを一緒にできるような女性に好意を持ちます。また、それをすると女性のほうでも、彼の知識の深さに驚き、尊敬の念を抱くようになるでしょう。

そして、乙女座男子は尊敬されることが大好きです。

「こんなに素敵な人はいない」とあなたが思っていることが伝わるだけで、彼のあなたへの思いも深まっていきます。

何でも気がつく彼は、あなたのことも見抜いてしまいます。

清潔感のある自分をアピールしても、たまたま取り出したハンカチにアイロンがかかっていないだけで、彼の心は一歩、遠のいてしまうでしょう。

けれども、それを口に出すことはしません。

乙女座男子は親しくなると、細かなことにまで口を出してきますが、相手によっては、それをしないマナーも心得ています。

そんな彼に、そっと寄り添う。そんな女性こそが、乙女座男子の理想です。

乙女座男子の告白

相手を見極めるまでは動かない

人あたりもよく、誰とでもうまくつき合っているように見える乙女座男子ですが、内心はとても慎重で、心を開くまでには時間がかかってしまいがちです。

好きな人ができても、シャイな彼は、意識しすぎてしまい、なかなか告白することができません。相手の立場や状況、周囲の空気を気遣うあまり、素直な気持ちを表に出すことができないのです。

ところで乙女座男子の適職の一つに「探偵」があげられますが、気になる女性ができると、彼はまさに探偵のように、彼女をリサーチします。

自分のことをどう思っているか、ということを確かめるのです。調べた結果、「彼女も自分のことを好きだ」と思えれば、安心して告白できるのです。

そんなことをするのは、フラれるのがイヤだからということも、もちろんありますが、「好きでもない相手から告白されたら困ってしまうだろう」という気遣いから、そんな慎重な態度になるわけです。

それでも、彼女の気持ちがわかったからといっても、すぐには行動しません。タイミングをはかりながら、それまでとあまり変わらない態度で接するでしょう。

こんなふうにいうと、自分の気持ちよりも、戦略を優先しているように思うかもしれませんが、乙女座男子の恋心はいたって純粋です。少年のように胸をときめかせ、清純でピュアな恋を望んでいます。

そうして彼の心のドキドキが限界マックス状態になったとき、ようやく勇気を振りしぼって告白となるわけですが、真面目さから、口先だけの甘い言葉をささやくなどということはできません。

その告白はシンプルで、女性が拍子抜けするくらいあっさりしていますが、それだけに、彼の真剣さが表れているのです。

乙女座男子のケンカの原因

彼とより深く結ばれる仲直りのコツ

もし乙女座男子とケンカになったら、それだけ二人の関係が深まっていると思っていいでしょう。あなたのことを真剣に自分のパートナーだと思いはじめているからこそ、自分の本音をぶつけてくるのです。

乙女座は控えめで、あまり本音を言いません。無理に自分を抑えこんでいるつもりはないのですが、事を荒立てたり、ケンカをしたりしたところで、「解決するものではない」と考えているところがあります。

そんな彼がケンカをするということは、あなたのことを「自分の本音を言ってもよい相手」だと判断したからです。

潔癖で几帳面な彼は、小さなことで、あなたに小言を言うようになります。

つき合い始めの頃には遠慮していたのが、仲よくなるにつれて、自分の本音を言うようになるのです。言われるほうはいい気持ちがしないので、反発して、そこからケンカが始まります。

たとえばレストランで食事をするようなときにも、

「どうして野菜から食べないの？」

「それはマナー違反だよ」

などと言いだします。

彼にとっては、たいしたことを言っているつもりはなくても、自分の所作を指摘されるのは、面白くありません。

「どうしてイチイチ文句を言うの？」

という気持ちにもなるでしょう。

けれども、そのときに怒ってしまっては、せっかくの食事も台無しです。

ここは大人になって、

「教えてくれて、ありがとう」

という気持ちで応えるようにしましょう。

彼が怒るときの、もう一つのパターンは、ストレスをためているためです。

乙女座男子は、ふだんの生活の些細なことからストレスをためやすい星座です。許容量を超えたストレスがあるときはイライラしてしまいます。

そのイライラを、いちばん安心できる相手にぶつけている可能性があります。

もちろん、あなたに落ち度があってケンカになることもあるでしょう。そうしたときには心をこめて、「ごめんなさい」と謝りましょう。あなたの素直な気持ちを、彼はきっと受けとめてくれるはずです。

乙女座男子の愛し方

自分なりのルールで尽くしてくれる

いくつになってもどこか純粋で、男らしい乙女座男子は、愛する人のことを大切に守っていきます。

乙女座男子の守り方は、相手を尊重することです。つねに相手を思いやり、自分ができることは率先してやり、相手の力になろうとします。それは、彼なりの優しさからくるものです。

女性にとってそれは心地のいいものですが、それを当たり前に思って、わがままばかりを言うようになると、彼の気持ちは一気に冷めてしまうかもしれません。

愛された分だけ、相手のことを愛する。これが乙女座男子とつき合ううえで忘れてはいけないことです。

古風な乙女座男子は、セックスについては、はじらいの感情を持っています。潔癖なところもあるために、それほど積極的になれない気持ちもあります。

感情に任せて、その場の勢いで行為に及ぶことはありません。どのようなことにも冷静さを失わないのが乙女座男子です。

だからといって、セックスを楽しめないということではありません。自分ルールを持つ乙女座男子は、こんなときにも「〜べき」という判断が優先されます。「セックスは男性がリードするべき」という考えがあるので、自分なりにリサーチして、彼女のために尽くしてくれようとするでしょう。

それに応えられれば、愛を深めていくことができます。ただし、女性のほうから積極的に攻めるような行為は、歓迎されません。

セックスにおいては、彼に主導権をにぎらせて、あなたはあくまでも、それに応えるかたちをとるとうまくいきます。

乙女座男子の結婚
プロポーズはとことんリサーチしたあとで

どのようなことでも真剣に取り組む乙女座男子にとって、結婚は人生史上、最大の時間をかけて、必死に考えるべき案件です。

「相手との生活をイメージできるかどうか」

「相手を信頼していいかどうか」

「自分は結婚できる人間かどうか」

「二人で暮らしていくときに、収入の面で心配はないか」

分析する乙女座らしく、「結婚」について、あらゆる角度から考えてみます。

日本では結婚したカップルの3組に1組が離婚しているそうですが、それでも、結婚は誰にとっても一大事。相手との信頼関係や将来の生活設計について考えるのは、乙

女座にかぎったことではないでしょう。

けれども乙女座男子は、「そこまで考える人はいない」ということまで、とことん考えます。そのために、つき合いが始まっても、プロポーズまでには時間がかかることを覚悟しておきましょう。

考えているうちに、「やっぱりやめておこう」という結論を出してしまうこともあります。あなたとの結婚生活に不安を持ってしまうと、そうなります。

乙女座男子との結婚を考えるなら、

「一緒にいると安心できて居心地がいい」

と彼が思えるような環境を整えることです。部屋の整理整頓はもちろんのこと、自分自身を身ぎれいにしておくことも大切です。

清潔感のある女性であることは、乙女座男子の「結婚の条件」といってもいいものですが、それは人間関係においても、です。

たとえば、男性関係にだらしないというイメージは、乙女座男子には、あり得ないことです。また、「時間を守る」「約束を守る」ということも大切です。

もちろん、時間に遅れたり、約束を破ることになったり、ということはあるでしょう。その場合には、事前に理由と謝罪の連絡を入れる、というのは、乙女座男子には特に気をつけたいことです。

親しき仲にも礼儀あり。親密な関係になったり、つき合いが長くなったりすると、相手の優しさに、つい甘えてしまいがちになります。けれども、たとえ家族になっても、ルーズなことはせずに、社会人としてのけじめはきちんとつけるということが、乙女座男子とつき合っていくときには、とくに肝《きも》に銘じておきたいことです。

結婚してもパートナーとなったあなたのことを何かと気遣ってくれる乙女座男子ですが、それと同じくらいに、彼のことを気遣ってあげましょう。つらいことがあっても、それを露骨に出すことはありませんが、じつはダメージに弱いところがあります。そういうところを察知して、優しく癒やしてあげましょう。

5

Compatibility

乙女座男子との相性

12星座の4つのグループ

火の星座、土の星座、風の星座、水の星座

12星座はそれぞれの持つ性質によって、4つの種類に分けられています。

（1）「火の星座」——牡羊座・獅子座・射手座
（2）「土の星座」——牡牛座・乙女座・山羊座
（3）「風の星座」——双子座・天秤座・水瓶座
（4）「水の星座」——蟹　座・蠍　座・魚　座

火の星座（牡羊座・獅子座・射手座）は、「火」のように熱い星たちです。特徴としては情熱的であり、活動的で創造的なチャレンジをすることで元気になります。

土の星座（牡牛座・乙女座・山羊座）は、「土」のように手堅くしっかりものです。感覚的な能力が発達し、現実的で慎重、忍耐力があります。

風の星座（双子座・天秤座・水瓶座）は、「風」のように軽やかで自由です。知識欲が旺盛で、社会的な物事を知的に理解する能力があります。

水の星座（蟹座・蠍座・魚座）は、「水」のようにしっとりしています。感情・情愛を基準に価値判断をします。自分だけでなく、相手の感情もとても重視します。

この４つの分類だけでも、乙女座との相性がわかります。

（1）「火の星座（牡羊座・獅子座・射手座）」と乙女座……ちょっと微妙

火と土の関係は打ち消し合うので、ちょっと微妙な関係です。

火は燃えていたいのに、土をかけられることで消えてしまいます。土も、火の熱で熱く燃やされることを嫌います。互いに不満を抱えてしまうでしょう。「牡羊座・獅子座・射手座」と「牡牛座・乙女座・山羊座」は、一緒にいても嚙み合わない、ということが起きがちです。

（2）「土の星座（牡牛座・乙女座・山羊座）」と乙女座……とてもよい

同じ土の性質同士なので、親しい関係になりやすいです。

一緒にいても違和感なく、出会ったばかりでも、すぐに親しくなれますが、同じ土の星座でも「牡牛座・乙女座・山羊座」はそれぞれ性格が違います。どの星座も堅実で努力型ですが、それだけに不満があっても自分の気持ちを抑えてしまうことがあります。お互いに、自分ばかりが我慢しているように思って、わかり合えるチャンスを逃してしまうかもしれません。けれども基本は似た者同士。「牡牛座・乙女座・山羊座」と「牡牛座・乙女座・山羊座」は居心地よくつき合っていくことができます。

（3）「風の星座（双子座・天秤座・水瓶座）」と乙女座……ちょっと微妙

風と土の関係も互いに打ち消し合うので、ちょっと微妙な関係です。

風は自由に軽やかに吹いていたいのに、土があることによって自由な動きができなくなります。土も、風が吹くことで砂埃《すなぼこり》となってしまうのを嫌います。互いにわかり合えないので、一緒にいても心がざわつき、違和感を抱えてしまうでしょう。「双子座・天秤座・水瓶座」と「牡牛座・乙女座・山羊座」は、一緒にいてもちょっと居心地が悪いのです。

（4）「水の星座（蟹座・蠍座・魚座）」と乙女座……まあまあよい

水と土の関係は、協力できる組み合わせなので仲よしです。

水と土が一緒に組むと、強い絆が生まれます。水は土に栄養を運び、土が水を入れる器になるようにお互いが強みを出し合うことで力を発揮できます。「蟹座・蠍座・魚座」と「牡牛座・乙女座・山羊座」は二人でいることで成長していくことができます。

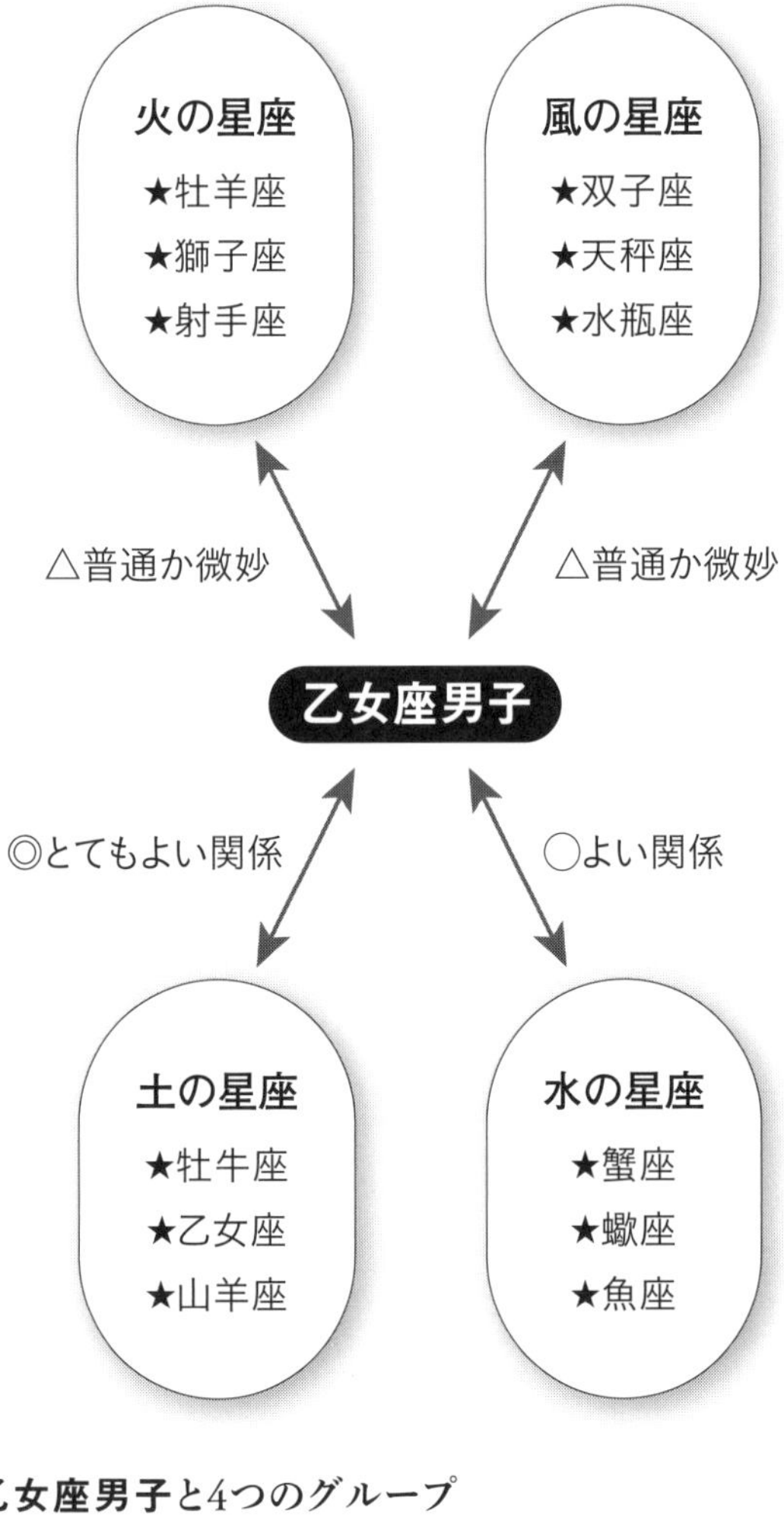

●**乙女座男子**と4つのグループ

12星座の基本性格

あなたの太陽星座は何ですか？

乙女座とそれぞれの星座の相性を見る前に、まずは12星座の基本的な性格を見てみましょう。それぞれの星座について、象徴的な言葉を並べてみました。

【12星座の基本性格】

牡羊座：積極的で純粋。情熱的。闘争本能が強い。チャレンジ精神が旺盛。

牡牛座：欲望に素直。所有欲が強い。頑固。現実的で安全第一。変化を好まない。

双子座：好奇心が強い。多くの知識を吸収して行動する。器用貧乏。二面性。

蟹　座：母性本能が強い。同情心や仲間意識が強い。感情の浮き沈みが激しい。

獅子座：親分肌で面倒見がよい。豊かな表現力。創造性がある。誇り高い。

乙女座：緻密な分析力。几帳面。清潔好き。批判精神が旺盛。働き者。
天秤座：社交的。人づき合いが上手。バランス感覚に優れている。
蠍　座：慎重。物事を深く考える。時に疑り深い面も。やるかやらないか極端。
射手座：自由奔放。単刀直入。興味は広く深く、探究心が旺盛。大雑把。無神経。
山羊座：不屈の忍耐力。指導力がある。地味な努力家。臆病。無駄がない。
水瓶座：自由で独創的。変わり者。博愛。中性的。ひらめき。発見するのが得意。
魚　座：自己犠牲的。豊かなインスピレーション。優しい。ムードに流されやすい。

性格には「いい性格」も「悪い性格」もなく、すべては表裏一体です。
それぞれの星座の「象徴的な言葉」から、あなたなりの理解で、読みとることが大切です。

12星座女子と乙女座男子の相性

組み合わせで、これからのつき合い方が変わる

牡羊座女子（火）と乙女座男子（土）――△

牡羊座と乙女座は「火」と「土」という、まったく違う性質の組み合わせです。牡羊座女子と乙女座男子は、基本的な価値観や行動パターンが違います。

牡羊座女子は活発で行動力があります。考える前に行動していたり、そのときの勢いで何事も一生懸命に取り組みます。乙女座男子も一生懸命に取り組みますが、何事にも慎重で、つねに細部まで分析して納得してから行動に移します。細かな部分が気になる性格なので、一旦気になってしまうと、なかなか新しいことに向かって行動できません。見たことを見なかったことにはできない性分なのです。

アクティブで、いろいろなことに挑戦する牡羊座女子に、乙女座男子は自分にない

ものを持っていることで関心を持ちます。牡羊座女子も、乙女座男子の冷静なところや細やかな心遣いにときめきます。けれども、いつもパワフルに活動する牡羊座女子の行動に、乙女座男子がしだいについていけなくなります。牡羊座女子も、乙女座男子の細やかすぎる感覚が、面倒に感じるようになります。一旦そうなると、他に興味あることに行動したくなるのが牡羊座女子の特徴です。乙女座男子も、牡羊座女子のことを無神経に感じはじめて、お互いの距離は離れてしまうでしょう。

牡羊座女子は、乙女座男子の細やかな部分や気遣いなどを自分にないものと理解し、接してあげることが仲よくなる秘訣です。

牡牛座女子（土）と乙女座男子（火）――◎

牡牛座と乙女座は「土」と「土」という同じ性質の星座です。同じ性質なので、ほどよくお互いが理解し合える、居心地のよい関係になれるでしょう。

牡牛座女子はおっとりした雰囲気で、物腰も柔らかいので、乙女座男子も安心します。また牡牛座女子の豊かな感性と清潔感のあるところにも惹かれます。乙女座男子も爽やかで、細やかな配慮ができます。またコツコツと真面目に取り組む姿勢に、牡牛座女子は一緒にいて安心感をおぼえます。

仕事でも二人が組めば、とても丁寧に完璧に仕上げていくでしょう。二人に共通する「こだわり」と「緻密性」に「合理性」が加わって、文句なしによい仕事ができます。結婚しても、お互いに協力し合っていけるでしょう。

ただし、牡牛座女子が自分のこだわりや頑固さを押しつけてしまうと、乙女座男子がだんだんと自分の感情を押し殺してしまうようになります。それがストレスになって、体調を悪くすることもあります。そんなときに、彼がリラックスできる環境を整えたり、彼の好きなものをつくってあげたりできるのは、牡牛座女子ならではの才能です。牡牛座女子の感性の豊かさは12星座でトップクラスです。その素晴らしい感性を押しつけるのではなく、乙女座男子に理解してもらう努力が必要でしょう。お互いに理解し合えれば、とてもよい組み合わせの二人です。

双子座女子（風）と乙女座男子（土）――△

双子座と乙女座は「風」と「土」という、まったく違う性質の組み合わせですが、同じ「水星」を守護星に持つ者同士、理解し合えることも多いでしょう。けれども、同じ守護星を持つ星座でも、その表れ方は違ってきます。

水星はコミュニケーションと知性を表す星ですが、双子座は活発で情報や知識を発信したり、コミュニケーションを広げていく方向で活用します。乙女座は同じ知性でも、物事を深く探究することで活用し、そのことでコミュニケーションに役立てようとしています。どちらも知性的という共通点があるこの二人の組み合わせは、頭脳プレーをするときに大いに発揮されます。方向性ややり方は違っていても、どちらも頭を使うことが得意なことは変わりません。お互いが、それぞれのやり方で協力できると、とても高い目標を達成できるでしょう。

ただし双子座女子は、束縛や命令されることを嫌います。乙女座男子は規律や秩序を大切にします。しだいにすれ違う部分が多くなり、やがて溝ができてしまうでしょう。どちらも頭がよいので、ケンカをしたり揉《も》めたり、ましてやドロドロの泥沼状態に陥ったりすることはありません。双子座女子が溝なんか見えないように振る舞って、上手にコミュニケーションをとります。乙女座男子も、自由な双子座女子に少し言いたいことがあっても、あえて言わずにおいたりします。

ベタベタした関係ではないものの、お互いが程よい距離感を保ち、相手のよい部分を理解し引き出すと、よい関係が続けられます。

蟹座女子（水）と乙女座男子（土）——○

蟹座と乙女座は「水」と「土」という、協力し合える組み合わせです。蟹座女子は母性があって優しく、面倒見がよいので、乙女座男子も居心地よく安心していられます。乙女座男子の古風できちんとした言動と真面目なところに、蟹座女子はホッとします。お互いが安心していられる存在になりやすい関係です。

乙女座男子はきちんとしたことを好みます。生活の細かい部分から社会人としてのマナーなど、自分なりにきちんとしていたいと考えています。そんな乙女座男子に、甲《か》斐《い》甲《が》斐《い》しく世話をすることができるのが蟹座女子です。

蟹座女子は、乙女座男子のことを大切に守ろうとしていろいろと面倒を見ます。乙女座男子も、蟹座女子があれこれと世話をやいてくれるので、そばにいたいと感じます。お互いに相手を思いやり、優しくできるので一緒にいても協力できます。

けれども蟹座女子は感情が豊かです。また心が通じ合うことで安心します。乙女座男子は、その感情の変化についていけないときもあります。

乙女座男子がいくら優しくしても、蟹座女子は「もっと」を求めてしまいます。それが乙女座男子のストレスになってしまうことがあります。お互いが自分の得意なところとそうでないところを認め、蟹座女子が感情のコントロールをできると、二人の関係は長く続いていきますが、お互いが自分の考えや感情を相手に押しつけると、あっけなく消滅してしまう関係でもあります。

獅子座女子（火）と乙女座男子（土）――△

獅子座と乙女座は「火」と「土」という、まったく違う性質の組み合わせです。獅子座は天真爛漫でストレートです。いつも明るく、ほがらかに、夢や目標に向かって行動していきます。

乙女座男子は、地味な仕事でも真面目にコツコツ取り組み、マイペースなところがあります。

獅子座女子はどこにいても目立つ存在で、華やかでにぎやかな場所を好みます。乙女座男子は、そんな獅子座女子に心がときめき、意識するようになります。獅子座女子も、乙女座男子の物知りで、細やかな心くばりに好感を持ちます。

お互いがそれぞれの長所をのばし、短所をカバーすることができれば、とてもよい関係を続けていくことができます。獅子座女子の夢を、乙女座男子がうしろからサポートするような関係になれれば、ベストパートナーといってもいいほどです。そうなったときには、乙女座男子への感謝の気持ちを忘れないことがとても大事です。

乙女座女子（土）と乙女座男子（土）——◎

同じ星座同士の組み合わせは、多くを語らずともわかり合えます。同じ出来事についても、二人がほぼ同じように反応できるからです。たとえば、初対面でなんだか気が合うと感じたら同じ星座だった、というのはこの組み合わせに多いパターンです。

基本の性格が似ているので気も合いますし、それは行動にも出てきます。二人並んだときに「雰囲気が似てるね」といわれることも多いでしょう。

相手を尊重して、お互いの好みを共有できると、とても強固なつながりになります。お互いがなくてはならないパートナーになれるのです。運命の出会い、永遠の同志、というような、かけがえのない存在でお互いがいられます。

乙女座は秩序を守り、実務能力が高く、探究心もあります。頭の回転も速いので、お互いが協力したり、フォローし合いながら成長できます。

気分が落ちこんだとき、助けてほしいときに、そばにいてケアしてくれるのも、同じ星座でわかり合えているからこそでしょう。

二人の恋の始まりは、お互いに感じる「安定感」です。自分と似ている考えの異性がいるという発見から、近い関係になります。

ただし、どちらも繊細で、自己主張することは苦手です。家族や身近な関係になっても、相手にばかり気を遣ってストレスをためがちです。お互いに、ストレスを抱えないように、細かなことでも話し合って、そのつど解決していくようにしましょう。

天秤座女子（風）と乙女座男子（土）――△

天秤座と乙女座は「風」と「土」いう、まったく違う性質の組み合わせです。天秤座女子は華やかで社交的、おしゃれな雰囲気を身にまとっています。実際、服や持ち物など、きれいでセンスのいいものが多いでしょう。

乙女座男子は自分の身の丈に合った生活を信条としています。華やかな天秤座女子に比べれば地味めです。けれども、だからこそ天秤座女子が気になるわけです。天秤座女子にとっても、頭がよくて真面目な乙女座男子は気になる男性の一人でしょう。

お互いに自分にはないものを持っているので、それが興味の対象となって、たとえば天秤座女子から声をかけたり、仕事などでチームを組んだり、というようなことから距離が縮まっていくでしょう。

けれども、乙女座男子はつき合いが長くなってくると、天秤座女子に細かいことを言い始めます。天秤座女子は自由と調和を大切にするので、乙女座男子の言うことが批判的に思えて、がっかりしてしまいます。そうなると自然に距離をおいたり、他の男性に関心が移ってしまうでしょう。

察しのいい乙女座男子は、そんな天秤座女子の心変わりを見逃しません。ケンカやゴタゴタは避けたい者同士なので、ある日突然、あっさり別れてしまうこともあります。バランス感覚のよい天秤座女子が乙女座男子の細やかさを理解し、ほどよい距離感を保てると長続きできるでしょう。

蠍座女子(水)と乙女座男子(土)――○

蠍座と乙女座は「水」と「土」という、協力し合える組み合わせです。蠍座は洞察力が鋭く、静かに深い愛を持っています。乙女座は繊細で、何事にもコツコツと真面目に取り組みます。お互いが派手なことやアクティブなことを求める性格ではないので、それぞれのペースや価値観を邪魔しないのです。

蠍座女子は、静かに相手を見守ることができます。すると乙女座男子は自分のペースを崩さずに行動できるので、とても居心地がよくなります。また、乙女座男子の堅実なところや、何事にも真剣に向かう姿勢に蠍座女子は安心します。

仲よくなって距離が縮まると、乙女座男子は蠍座女子のことを気遣い、優しくしてくれます。蠍座女子も、乙女座男子の繊細な部分を見抜き、そのつど必要なケアをしようとします。静かだけれど、安定したカップルになれます。

しかし、万一どちらかが相手を裏切ると、いちばんこじれてしまうのもこの組み合わせです。蠍座女子は裏切られた場合、彼を反省させようと執拗《しつよう》な行動に出ます。乙女座男子が裏切られた場合は、とことん証拠集めをしたり、論破しようとします。どちらも真剣に愛した人だからこそ、裏切りが許せないのです。

そんなことにならないように、お互いのよいところを認め合い、相手を思いやって支え合いましょう。とてもお似合いのカップルなのですから。

射手座女子（火）と乙女座男子（土）――△

射手座と乙女座は「火」と「土」という、まったく違う性質の組み合わせです。射手座は活発で探究心があります。その探究心は、精神的な成長を求めるものであったり、単なる自分の興味を満たすものであったりと、多岐にわたっています。そんな射手座女子を、乙女座男子は面白い存在として見ています。

乙女座男子もまた探究心があるほうですが、その興味も、探求のしかたも、射手座女子とは異なるものです。専門的なことでも、コツコツと勉強していく、そんな乙女座男子を射手座女子は素敵に思うのでしょう。

一緒に何かを学んだり、研究したりすることで、二人の距離は縮まります。ただし射手座女子の興味は、一つのところにとどまっていることはありません。気がついたら、射手座女子だけが次に進んでいて、乙女座男子は置いてきぼりをくったような気持ちになります。二人がつき合っていくときには、この起伏《きふく》の繰り返しです。乙女座男子の寂しい気持ちを射手座女子が察してあげられるとよいのですが、射手座女子が何よりも優先するのは「自由」です。それを曲げることはできません。

乙女座男子が、射手座女子を大きな心で見守ることができれば、一緒に成長していくことができるでしょう。

山羊座女子（土）と乙女座男子（土）——◎

山羊座と乙女座は「土」と「水」という、協力し合える関係です。山羊座は現実的で忍耐力のある星座です。この星座は目標を決めたら、コツコツと着実に積み上げていくことが得意です。乙女座男子もコツコツと堅実で真面目なところがよく似ているので、一生懸命に目標に向かっている山羊座女子の夢や生き方を尊重し、協力してくれます。

山羊座女子は、野心を持ち、それを達成しようと努力します。ただ夢を見るのではなく、現実的なことに立ち向かいながら生きています。山羊座女子のゆるぎない安定感は、繊細で神経質な面を持つ乙女座男子の心をも安定させてくれます。この二人が協力し合えると、お互いが得意とすることを強化していくことができます。

山羊座女子は頑張り屋です。自分ではふつうにしていることなので、それがつらいということはあまりないかもしれませんが、知らずしらずのうちに、自分一人で我慢してしまうところがあります。乙女座も不安をためやすい星座なので、お互いに、そのところを気をつけながら、話し合い、助け合っていきましょう。

山羊座女子にとって、いつも自分のそばで応援し、見守ってくれる乙女座男子は心強い存在です。二人の関係を大切にしていきましょう。

水瓶座女子（風）と乙女座男子（土）――△

水瓶座と乙女座は「風」と「土」という、まったく違う性質の組み合わせです。水瓶座はとても自由で、博愛的な星座です。権力や地位などによって人を差別することはなく、公平な心を持っています。

乙女座は人あたりがよいにもかかわらず繊細な心のため、多くの人と関わることが苦手です。それよりも好きなことを学んだり、研究したいと思っています。

そもそもの感覚や視点が違う二人ですが、水瓶座女子は、自分にまったくない価値観を持つ乙女座男子に目新しさを感じます。乙女座男子も、自由で、どこかマイペースな水瓶座女子に興味を示します。

けれども、意識の向け方も違う二人には、共通点が一つもないといってもいいほどです。水瓶座女子は個性的でヒラメキがあり、ファッションや考え方も一歩先をいく女性のイメージです。恋愛に関しても、乙女座男子は古風なところがあり、自分ルールがあります。水瓶座女子は自由な感覚を持ち、恋愛にのめりこむということもありません。結婚に関しても自由な考え方を持っているので、誰かのルールのなかで生きるということはあり得ないのです。

乙女座男子は、水瓶座女子のことを「自由すぎてまったく理解できない」と思っているかもしれません。水瓶座女子にしても、彼のことを知れば知るほど、自分とは合わないことを痛感するでしょう。

自立している水瓶座女子からすれば、乙女座男子はとても頭のかたい「時代遅れな人」という印象を持つようになるかもしれません。自分のルールを強要する彼に対して、「いちいち面倒な人だ」と言いたくなることもあるでしょう。

けれども水瓶座は、堅実であること、丁寧に生きることを乙女座から学ぶチャンスが与えられます。乙女座もまた、水瓶座から広い視野と発想を学ぶでしょう。お互いに、自分にはない価値観を認めることで、人としての幅が広がり、成長していくことができます。

魚座女子（水）と乙女座男子（土）――○

魚座と乙女座は「水」と「土」という、協力し合える組み合わせです。魚座は優しく、広い心で多くの人に愛を注いでいきます。それは慈悲深く、ときに自己犠牲的な愛です。乙女座は自分自身が繊細なので、いろいろなところで繊細な感性が生かされます。人に対して細やかな気遣いができるのも、その感性があるからです。

どちらも人を大切にする星座なので、通じるものはありますが、その本質は違います。乙女座の気遣いは人としてのマナーで、「愛情」とは少し違います。けれども魚座の気遣いは、自分のあふれる愛情を相手に注ぐ以外の何者でもありません。

違いはありますが、どちらも優しいことには変わりありません。優しい人はストレスを感じやすく、相手のストレスにも敏感に反応できます。一緒にいるだけでストレスケアまでできるので、とても居心地のよい組み合わせになります。

乙女座男子の魚座女子に対する印象は、「なんてけなげで、優しい女性だろう」というものでしょう。実際に、献身的な女性ということでは、魚座は12星座で1番といってもいいほどです。周囲の人たちの気持ちを察知して、そのために自分にできることをするのが、魚座女性の素敵なところです。

魚座女子は、自分の愛する人に対して「支えたい」「応援したい」という気持ちが強いのです。だから、乙女座男子の〝自分ルール〟にも文句も言わず、合わせることができます。

一緒にいるだけで幸せを感じられる二人ですが、あまりにもお互いの存在を大切にしすぎて、依存関係に発展する可能性があります。もしくは乙女座男子の言うことばかり尊重してしまいがちになります。とてもお似合いの二人ですが、魚座女子も時には自分の意見を伝えてみましょう。優しさと愛のさじ加減をしていくことが愛を深めていくためには必要です。

6

Relationship

乙女座男子とのつき合い方

牡羊座男子が家族の場合
父親、兄弟、息子が乙女座の人

父親が乙女座の人

乙女座男子は細かなことにまで口を出す、といわれても、「うちのお父さんは、それほどじゃないな」と、あなたは思っているかもしれません。

小さなことが気になってしまう、というより気づいてしまう乙女座の父親は、子どもが幼い頃には、それこそ箸の上げ下ろしから靴の脱ぎ方まで、口うるさく教えたに違いありません。

「約束は守ること」

「間違ったら謝ること」

「食事のときはマナーを守ること」

など、父親が教育してくれたおかげで、社会に出ても困らないですんだということが多いのではないでしょうか。

小さな子どものいる家庭は、オモチャなどで散らかってしまいがちですが、乙女座男子は、だらしがないことには耐えられません。たとえ相手が子どもでも、その姿勢が変わることはなかったでしょう。

けれども子どもが成長して、ある程度の年齢になれば、それほど細かなことは言わなくなるでしょう。あなたの母親である妻には、少しくらいの愚痴をこぼすようなことがあっても、あなたに対して直接言うことは、それほど多くないはずです。

知性とコミュニケーションを司る水星を守護星に持つ乙女座は、何があっても横暴《おうぼう》に振る舞うようなことはしません。たとえ年齢的に未熟でも、相手を一人の人間として認めてつき合う賢さがあるのです。

だから、子どもの多少のだらしなさには目をつぶります。けれども、親を親とも思わないような振る舞いに出たときには、それこそ烈火《れっか》の如く怒るでしょう。それは自分に対してだけでなく、あなたが母親にそうした態度をとっても同じです。

子どもは親を敬《うやま》わなければならないというルールが、乙女座の父親にはあります。そのルールさえ守られていれば、「あとはいい」というところがあります。

友達のような親子関係が、いまでは多くなったかもしれませんが、乙女座の父親にとっては、それは理解できません。

親は親。たとえ仲のいい親子であっても、礼儀はわきまえなければなりません。それは子どもとしては当然のことだ、と考えるわけです。

それだけ父親というものは、家族のために働いてきたのです。働くのは、自分の出世やお金のためという人もいますが、家族を持てば、それらさえも含めて、家族のために他なりません。

乙女座の父親の、その誠実に働く姿は尊敬に値します。

そんな父親への感謝の気持ちは、惜しみなく表現しましょう。高価なプレゼントを用意することはありません。そんなことをしたら、「無駄遣いしてはいけない」と叱られるかもしれません。それでも内心は喜んでいます。

社会人として恥ずかしくないマナーや知識を身につけられたのは、乙女座の父親のおかげといっても過言ではありません。いくつになっても若々しいお父さんに、心からの「ありがとう」を伝えましょう。

兄弟が乙女座の人

幼い頃、何があってもいつも冷静な乙女座の兄を、あなたは頼もしく思っていたのではないでしょうか。

乙女座男子の兄はおとなしく、勉強も好きで机に向かっていることが多かったはずです。習い事や趣味に夢中になっていた時期もあるでしょう。年齢差がどれくらいかによっても変わりますが、乙女座男子の兄は、どちらかといえば、きょうだいであってもベタベタとするようなところがありません。

けれども、勉強などでわからないことがあって聞きに行けば、懇切丁寧に教えてくれるでしょう。

　では、乙女座男子の弟については、どうでしょうか。あまり自己主張することはなく、頼み事をすれば、その通りにしてくれたのではありませんか。姉であるあなたの言うことなら、使い走りでも嫌がることはなかったでしょう。むしろ、大切な任務と思って、それをやり遂げたはずです。

　頼まれたことは完璧にやり遂げる乙女座ならではの行動ですが、学校生活などでも先輩やリーダー格の友達の言いなりになってしまうようなところがあったかもしれません。

　だからといって言われっぱなしかというと、そんなことはなかったでしょう。自分が心を許せる相手には、思っていることをそのまま口にします。

　姉のあなたに対しても、時に辛辣《しんらつ》に、生意気なことを言うことがあるでしょう。

　もちろん、そんなことを言うのは、善意からです。

「女のくせに、その格好はだらしなさすぎる」

などという失礼極まりない発言は、あなたに、素敵な女性になってほしいからこそです。決して、あなたを攻撃するものではありません。

ただし、それだけのことを言うだけあって、仕事も生活も、どこかきちんとしています。男性なのに、自分の兄弟なのに、もしかしたら女性より身のまわりを清潔にしていたり、掃除が得意だったりします。

きちんとしている分、本人にも見えないストレスを多く抱えている可能性はあります。彼は彼なりに、社会で頑張っているのです。

時には、彼の好きなことにつき合って、気分転換をするのにつき合ってあげましょう。何事も考えすぎるきらいのある乙女座男子です。気の許せる家族と一緒にいる時間は、彼にとっては何より心を和ませるものになるでしょう。

息子が乙女座の人

乙女座男子の息子は賢く、とても繊細な面があります。友達がいないということはありませんが、自分から積極的に人の輪に入っていったりするのは苦手かもしれません。子ども同士で遊べば、もちろん、はしゃいだりすることもありますが、ふとしたときに一歩引くようなところがあります。子どもなのに、どこか冷静で、危険なことに飛びこんでいったり、衝動的な行動をしない慎重さが見えます。

大人から見れば、自分の感情を押し殺しているのではないかと心配になるかもしれませんが、それには及びません。

その場の状況や人の気持ちに敏感で、頭の回転が速い乙女座生まれの子どもは、小さくても、いろいろなことを察知します。

けれども、その察知したことを整理して考えたりするのは、まだ幼くて経験がないために、うまくできません。それで、どんなふうに振る舞ってよいかの判断ができない、ということがあるのです。

人に好かれようとか目立ちたいという気持ちよりも、その場の雰囲気にどういうふうに溶けこめばよいか迷ってしまうのです。

空気を読んだり、その場の雰囲気を察するというのは、大人でも難しいことです。

それが小さい頃から自然と身についているのが、乙女座の男の子です。

けれども、あまり周囲に気を遣ってばかりいては本人が疲れてしまいます。それどころか、自分を見失ってしまうことさえないとはかぎりません。

そんなことにならないように、幼い頃から親のほうから話しかけて、「自分はどうしたいのか」「どんなことを感じているのか」という彼の本心を聞くようにしてください。

彼が戸惑っていることを理解して、応援してあげましょう。

愛情をたっぷり注ぎ、「親はあなたの味方である」ということを彼がしっかりと認識できれば、自信を持って自分の才能を発揮できるようになります。男らしい乙女座男子の息子は、母親や家族に対しても頼もしい味方になってくれるでしょう。

乙女座男子が友人（同僚）の場合

超絶物知りで、几帳面な男

いつも静かでひたむき。大勢のなかにいても出しゃばらず、寡黙《かもく》で淡々と仕事をしたり、勉強したりしている。かといって冷たいわけではなく、話しかけると、気どったところがなく、感じがいい。少し仲よくなっておしゃべりをすると、マニアックなほどに物知りな一面もあって、ちょっとビックリ。そんな彼は、きっと乙女座ではないでしょうか。

たとえば、「○○って知ってる？」と軽く聞いたことでも、

「あれは○○で、じつは○○なこともあって……」

という具合に、予想以上の情報を返されたりします。

その知識の広さと深さに圧倒されてしまうほどですが、彼に聞いたことを他の人に伝

えただけで、まるで自分が、その世界の通《つう》になったような気持ちになれるくらい、くわしく教えてくれます。

たとえ彼がそのときは知らなかったとしても、あとになって、「○○のこと、わかったよ」と調べてくれたりします。聞いた本人が口に出したことすら忘れているようなことでも、彼は「知らないことを知る」ということにはとても貪欲《どんよく》です。

そんな真面目な彼は、時間にも正確です。おそらく待ち合わせなどをしても、時間に遅れることは、まずないでしょう。

一緒に行動するとなると、「そんなに早く出なくてもいいんじゃないか」と言いたくなるほどの余裕をもって、スケジュールを立てます。

必要な書類も、もちろん事前に、すべてキチッと用意しています。

けれども、何でもかんでもやってくれるかというと、そんなことはありません。シビアな彼は、「自分のやることじゃない」と判断したことには、たとえ気がついていても手を出しません。

そういう点も含めて、彼にはルーズなところはありませんが、それゆえに、相手にも自分と同じくらいの几帳面さを求めてしまうときがあります。

なので、並べる書類をバラバラに置いたり、時間に遅れたりする人は許せません。ただし、それを本人に激しく注意したりすることはありません。それはしないで、ブツブツ文句を言います。もしくは、仲のよいあなたに愚痴をこぼしたりします。

愚痴を聞くのが好きという人はいないでしょう。自分とは関係のないことなら、なおさらです。けれども、彼が愚痴をこぼすのは、それだけ、あなたが彼にとって「信頼できる人」だからです。

また、愚痴をこぼしながらも、結局は自分で何もかも、キチッとやるのが乙女座男子です。少しくらいの愚痴は大目に見てあげてください。

乙女座男子が目上（上司、先輩）の場合

部下や後輩を管理して守る

乙女座男子の上司は、とにかく細かいです。小さな数字の間違いや書類のミス、ひどいときには用紙についた少しの汚れさえ見つけて、遠慮なく、それを指摘します。「おかげで書類は出し直し」となるかもしれませんが、ビジネスの場では、些細なミスでも、場合によっては、それが大きな命取りになる場合があります。細かなチェックをしてもらっていたからこそ防げたミスも、過去にあったのではないでしょうか。

上司から言われて、内心は「面倒だな」と思うことでも、それによって、気づけたこと、改善できたことは少なくないはずです。結果として、プレゼンが通ったり、仕事の評価が上がったりしたこともあるでしょう。

たとえばコピーを取るにしても、１枚抜けていたのでは用をなしません。乙女座男

子は、コピーを取ったら、必ず抜けがないかを確認します。考えてみれば「当たり前のこと」ですが、その当たり前が、なかなかできないものです。それにコピーが1枚抜けていたからと言って、たいしたミスにはならないでしょう。けれども、コピーひとつ取るにしても、そこまでするところが、他にも活かされていきます。

乙女座の上司や先輩のチェックはたしかに細かいですが、それによって部下や後輩は、仕事における基本から、社会人として、もっと言えば人としてのルールやマナーを教わることになります。

また乙女座は経理能力や管理能力が高い星座です。部下がきちんと働けるように、仕事がスムースに進んでいくように、時間や仕事内容を管理することに気をくばっています。

「管理」というと、部下の立場からすると、まるでコントロールされているかのように受けとる人がいるかもしれませんが、それは、彼があなたを自分の支配下に置きたいと思ってしているのとは、少し違います。

自己顕示欲を満たすために、部下をコントロールしたがる上司はいますが、乙女座の上司は、そうではありません。

後輩や部下を大切に思うからこそ、きちんと管理しようとするのです。

残業が多い部下には、仕事量と時間の使い方を注意します。

チームのなかで、働きすぎている人、あるいは働かなすぎの人をチェックして公平さを保とうとします。

働きすぎれば、病気になったりして、健康に支障が出るかもしれません。

サボる人がいれば、他の人から不満が出たり、チーム全体の士気にも影響があるかもしれません。

そんなことにならないように、部下の一人ひとりにまで気をくばり、尊重するのが、乙女座上司の仕事に対する姿勢です。部下にとっては、これほど信頼できる上司は、他にはいないといっても過言ではありません。

乙女座男子が年下（部下、後輩）の場合

しっかり仕事をこなす頼れる存在

「言われたことを地道にひたすらやってくれる」

「彼に頼むと安心できる」

乙女座男子の部下や後輩は、あなたにとって、そんな存在ではないでしょうか。

彼に頼んだ仕事は、必ず締め切りは守られ、仕上がりもパーフェクト。チームのなかでも、いつも縁の下の力持ち的な役割を果たしてくれます。

どちらかといえば、おとなしいタイプで、自分から積極的に発言したりすることはありません。けれども、いざ実際に仕事をするとなったら、率先して裏方の仕事でも、嫌がらずにやってくれます。他の人のうっかりミスにも気づいて、フォローもしてくれるでしょう。

経営者や上司にとっては、社員や部下に必ず一人はいてほしいのが、この乙女座男子です。それほど、しっかり仕事をします。

そんな彼はあまり自己主張はしませんが、上昇志向はあります。

広く浅くというよりも、深く細部までが得意な乙女座男子です。

彼の得意なところや専門的な知識をのばせるように協力してあげると、信頼関係が結ばれて、頼もしい味方になってくれるでしょう。

ただし控《ひか》えめな彼は、強引な人につけこまれてしまうことがあります。

自己主張をしないからといって、弱いわけではありません。頭がいいので、無駄なケンカや揉めごとは避けたいと考えているのです。

また上昇志向が強い分、先のことまで考えているため、あえて自分を抑えているところもあります。結果、ストレスをためこんでしまうこともあるので、注意しましょう。

彼を大切に思うなら、彼に甘えすぎないようにすることです。

「頼られる」というのは、案外気持ちのいいもので、たとえ自分の負担になっても、上司や先輩から頼まれたら、「断れない」ということもあります。結果として、無理が重なって、仕事ができない状況に、彼を追いこんでしまうことにもなりかねません。

時には趣味の話を聞いたりして、気分転換をはかるようにしましょう。

もちろん、彼の成果や真面目に取り組んでいる姿勢を認めて、言葉に出してほめることも大切です。

それをすれば、彼のモチベーションは上がって、心の負担をグンと軽くすることができるでしょう。

乙女座男子が恋人未満の場合

清潔感と品格をもって彼のお眼鏡にかなう女性になる

「男子なのに女子力が高い」

彼の整理整頓されたデスクまわり、アイロンのかかったハンカチ、TPOをわきまえたファッション……彼のことが気になるあなたなら、そんな彼の女子力に気づいているでしょう。そんな彼に「私で大丈夫？」と思う人も少なくないかもしれません。

乙女座は性別に関係なく清潔感があり、几帳面で、気くばりができます。不潔なものを嫌い、整えられた空間やきれいに掃除された環境が落ち着きます。それは、人に不快な印象を与えたくないという気持ちが働いていることもあります。

気くばりができる乙女座は、自分の服を決めるときにも、その日に会う相手に合わせたコーディネートを考えたりします。

それだけ相手をよく観察しているわけですが、逆に、相手のほうに、そうした気くばりが感じられないと、その人に対しての印象が悪くなります。

彼と会うとき、その場に不釣り合いな格好をしているだけで、「なんてセンスのない女性だろう」と思われてしまいます。

ふつうの男性なら気づかないような、細かなところにまで気づいてしまうのが、乙女座男子です。靴が汚れていたり、スカートの裾《すそ》がほつれていたりというところまで、目ざとくチェックしている可能性があります。

彼との距離を縮めたいと考えているなら、彼と同じくらいの気くばりが必要になります。がさつであったり、だらしのない女性が、恋人に昇格することはありません。それどころか、じつは彼にとっては、距離をおきたい女性のグループに入れられているかもしれません。

派手に着飾ったりする必要はありません。むしろ乙女のように、女性としての品格を高めることが、彼との距離を縮める一歩になるはずです。

乙女座男子が苦手（嫌い）な場合

無理に好きになる必要はない、でも理解してみる

あなたは乙女座男子のどこが苦手ですか？

いちいち細かいことにダメ出ししてくるところですか？

ケチなところですか？

なんでもかんでもリサーチするところですか？

その全部でしょうか？

こうしたところは、乙女座男子の性分なので仕方がないのです。

この星座の男子は、いつまでもキラキラした少女のような清純な心でありたいと願っているタイプです。

「男性なのに少女？」と思うかもしれませんが、それくらいピュアな心を持っている

ということです。

「きれいで整っていること」にこだわりがあるので、少しでも汚れていたり、歪《ゆが》んでいたりすると、その違和感に気づいてしまうのです。気がついてしまったことは黙っていられません。

「もしかしたらこの人は気づいていないのかもしれない」

と考え、

「気づいていなかったら教えてあげなければ」

という正義感のもと、相手にしてみれば「余計なお世話」なことに口を出してしまいます。

また効率がいいことを優先したい乙女座男子は、無駄なことは排除しようとします。不要なものは持たないという考えから、自分がいらないと思ったものにお金を出しません。それが、周囲の人には「ケチ」に見えてしまいます。

大人になれば、「つき合い」というものがあります。

本当は不要なもの、お金を出したくないものにも、おつき合いしなければならないことがあります。

それを、ばっさり「いりません」と言いきれるのは、人によっては「理解できない行動」に映るわけです。

あなたが、「そういうタイプの人は苦手だわ」と思ってしまうのも、しかたのないことです。

けれども、彼のしていることに間違いがあるかといえば、そんなことはないでしょう。

乙女座男子は、頭のいい人でもあります。彼と親しくなれば、強い味方になってくれる頼もしい存在だといえるのではありませんか。

真面目すぎるために、時に融通のきかないところはありますが、だからといって、自分さえよければいいというタイプでもありません。

つねに正しく真面目、自分に嘘がつけない星座なのです。

そして、古風な男らしさを持っています。

チャラチャラした風潮がある現代の日本で、礼儀と秩序を重んじる乙女座男子は、すべての人のよいお手本となり得ます。

そんな律儀でまっすぐな彼を、あなたの愛の大きさで優しく育ててあげてはどうでしょうか？　案外、育てがいがあるかもしれません。

7

Maintenance

乙女座男子の強みと弱点

乙女座男子の強み

完璧主義を完璧に実践する

乙女座男子は、12星座中でも分析能力はトップクラスです。知らないことはもちろん、知りたい情報や知識、必要だと考えたことをとことん調べ、自分の知識としてストックしていきます。

最初は自分のためだけに、と始まったことでも、仕事で必要になったこと、生活のために必要だと考えたことも同じです。もちろん大切な家族や仕事を守るために、愛する人が必要としていることのために、ということでも行動します。

知識が増えていくことで、自分自身はもちろん、家族や愛する人のためにそれらを役立てることができます。

収入の確保、投資や税金対策などのお金に関する知識が、まさにそれに当てはまり、自分の興味で始めたことが、家族が増えることによって、さらに情報を集めたり、分析したりします。

自分の好きな人が興味を持っていることにも、その才能を惜しげもなく使い、その人と一緒に情報を集めたり、その人から頼まれたわけでもないのに、調べてみたりします。

仕事においても生活においても、乙女座男子は完璧をめざします。

「理想的な家庭をつくりたい」

と考え、そのためには、

「理想の職業に就《つ》きたい」

と願っています。

そうなるとまた、得意の分析能力で必要なものを探します。探したら、目標を達成するために努力を惜しみません。

人はつねに変化し、成長していきます。

そのつど必要なものや欲しい情報も変化していきます。そのたびに「アップグレード」していかなければなりませんが、それを難なくできるのが、乙女座男子の才能です。

理想に向かって黙々と進んでいく——。

彼の存在や行為は、注目を集めるような派手なものではありませんが、着実に信頼を重ねていけるのです。

そんな彼は、パートナーであるあなたのことも大切にします。

あなたのためにも、生活や収入などを理想に向けて完璧に近づけようと努力してくれるのです。完璧をめざす彼のそばにいると、自分もなりたい自分に近づけそうな気がしてくるのではないでしょうか。

乙女座男子の弱点

些細なことが気になってしまう

乙女座男子の心は清らかで、繊細です。

繊細というと、か細くて弱々しいイメージですが、弱いというよりは、ナイーブで純粋だというほうが正しいです。

「ナイーブ」とは、フランス語が語源で「生まれたままの素直さ」を表します。

乙女座男子は、素直で自分の心にも自分以外の人の心にも反応しやすい面はありますが、だからといって、弱いわけではありません。

その証拠に、彼の辞書には「投げ出す」「あきらめる」の言葉はないといってもいいでしょう。

では、乙女座男子の弱みとは何でしょうか。

それは、小さなことでも何でもキャッチしてしまうことです。

純粋で繊細な心は、気がつく、気遣いができるという点では強みになりますが、それゆえに、すべてを受け入れてしまうことで不具合が生じてしまうのです。

細やかな感性があるからこそ、乙女座男子は、自分のこと、周囲のこと、他の人のことなど、いろいろな場面で、いろいろな情報を事細かにキャッチします。

乙女座にとって「気がつく」というのは、とくに意識していることではないでしょう。意識していなくても、気がついてしまうところに、乙女座のつらさがあります。

いろいろなことに気がつくというのは、それだけ身体のさまざまな器官がフル稼働しているということです。

目に見える情報、耳から聞こえる情報、鼻に伝えられる情報、肌で感じる情報、手や足からわかる情報、それらに加えて、知識や経験のなかにある情報に、絶えず検索がかかっているようなものです。こうして書いているだけでも、疲れがたまってきそうです。

乙女座男子は、無神経な言動で誰かを傷つけたり、軽はずみで衝動的なことをしないように、慎重に行動することが身についています。そのために、つねに神経を張り詰めているといっても過言ではありません。脳や神経が休まる暇はないわけです。86頁の「乙女座男子の健康」でも書いた通り、「第二の脳」と呼ばれている腸にストレスがダイレクトに届くため、お腹が弱いという乙女座男子も多いでしょう。また神経性の疲労のために睡眠不足となり、他の病気を引き起こすこともあります。

傍目には、人づき合いはヘタなほうではありませんが、人への気づかいで自分が疲れてしまうことはよくあります。

もともと体力があるほうではありません。どちらかというと健康管理の意識が高く、努力して身体を鍛えたり、規則正しい生活をすることで健康を維持しています。

そんな乙女座男子のことを、優しく気遣ってあげられるのは、そばにいるあなたしかいないかもしれません。

8
Option
乙女座男子と幸せになる秘訣

乙女座男子を愛するあなたへ

彼の誠実さを一身に受ける覚悟

乙女座男子はいつも、優しく誠実に、あなたに向き合ってくれているでしょう。シャイな彼は、なかなか他人に対して心を開けません。

そんな彼が心を開き、信頼できる相手と決めたあなただけに、自分の気づいたことや思ったままの気持ちを言うことができるのです。

そんな彼の思いを素直に受けとることが、彼の誠実さに報《むく》いることです。

嘘やごまかしはいけません。万一ごまかしたとしても、彼は見抜いています。もしくは感づいています。

わかっていても、それを口にしないのは、彼なりに納得しているからでしょう。それを蒸し返す必要はありません。

愛とは、そのまるごとを引き受けることです。

前とは矛盾してしまいますが、嘘やごまかしも引っくるめて、二人の関係を築いていくことです。

一方的に感情をぶつけてしまうと、彼はダメージを負うことになります。

ふだんの彼は、たとえ心のなかでは傷ついていても、そんなことはないように振る舞っています。

「彼には悩みがないのかと思った」

というのは、乙女座男子をパートナーに持つ女性の言葉ですが、もちろん、そんなことはないでしょう。

どんなに外で傷ついても、愛する人の前では、何事もなかったかのように見せるのが、乙女座男子の男らしさです。

そう、シビアに見える彼は、ちょっとつき合っただけでは、「傷つきやすいタイプ」には見えないかもしれません。でも実際は、12星座でいちばん傷つきやすい星座だといっても過言ではありません。

だからこそ彼に対しては、必要以上に感情的になることは避けるのが、彼を愛する女性の心得といっていいでしょう。

心ない言葉を投げつけたりしたら、想像以上に彼を深く傷つけてしまいます。乙女座男子は、一度深く傷つくと、なかなか回復できないナイーブな性格です。

彼とのあいだで交わす言葉にも、傷つけない言葉を選ぶように心がけましょう。

自分が言われてイヤだと思う言葉は、相手もイヤなものです。

乙女座男子は頭がよく、繊細です。

言葉の意味や言葉の力を理解したときには、考えすぎるくらい考えてしまいます。

優しい思いやりを持って接しましょう。

あなたが嬉しく思ったら、素直に、

「ありがとう」

「嬉しい」

という気持ちを伝えるようにしましょう。

少しマメなくらいがちょうどよいでしょう。

繊細で頭がよく秩序を重んじる彼の行動は、忘れていた何かを思い出させます。それは、礼儀や作法、人が社会で生きるための基本に気づかせてくれます。

秩序正しく生きていくには、優しさと強さが必要です。

優しさと強さを持った人は、幸せを引き寄せることができます。

多くの人の幸せを引き寄せると、大きな幸せへとつながります。

大きな幸せをつなげられる乙女座男子には、あなたの愛がいちばん必要です。

乙女座男子と一緒に幸せになる

気遣いと優しさは永遠に変わることはない

いつも細々と気づかってくれる彼は、本当に優しい人。

あなたに対しても愛情を持って、いろいろと気づかってくれるでしょう。結婚してからも、家族に対して、その気遣いと優しさは変わりません。

体調はどうかとか、イヤなことは起きていないかとか、なにくれとなく様子を聞いてくれます。

「寝こむほどではないけれども、ちょっと体調が悪い」

「髪の分け目をいつもと違うふうにしてみた」

などということには、同性でさえなかなか気づけないものです。

それを、さりげなく、「顔色が悪いな」とか「髪型、少し変えたんだね」というように声をかけられるのは、女性にとっては嬉しいものです。

時には、気づいていても、あえて口にしないということもあるかもしれません。

あえて言葉に出さないほうが、まるく収まることもある、ということを乙女座は知っているからです。だから、余計なことは言わない、のです。

ひょっとしたら、じつは、あなたのちょっとした言動で気になることがあっても、見て見ないふりをしてすごしている可能性があります。

それこそ大人の乙女座男子といえるでしょう。

そんな彼は、あなたに対しても、自分にも同じように気づかってほしいと思っています。

優しい言葉で励ましたり、リラックスできる雰囲気をつくってあげたりすれば、彼は、あなたのことをますます大切にしてくれるでしょう。

知性の星である水星を守護星に持つ乙女座生まれが、いかに優秀であるかというのは、これまでに書いてきた通りですが、それゆえに、ときどき皮肉を言ったりします。

頭がよいからこそ見えてしまう鋭さで、知らずしらず相手を不快にさせてしまいます。

それは時に、愛するあなたにも向けられることがあるかもしれませんが、あまり重く受けとらないことです。シニカルなジョークと受け流して、あなたのほうで、見て見ぬ振りをしてあげましょう。あなたが、それに取り合わずに無視しただけで、彼は「しまった」と気づくはずです。

乙女座男子とつき合うのは、じつは大変です。

「どうして、そんなに細かいところまでこだわるの!」と言いたくなることもあるでしょうが、彼ほど優秀な男性は、他にはいないといってもいいほどです。

また女性には敬意をはらって、あなたを大事にしてくれるでしょう。

たとえ年を重ねても、出会ったときのままと変わらず、あなたを支えてくれる彼は、最高に素敵な恋人です。

おわりに
相手を理解して運命を好転させる

人は夜空に輝く星を、はるか昔から眺めながら生活してきました。それはただ美しいと感じるだけではなく、あるときは生きるために、あるときは王様や国の運命を見るために、星の動きや位置を見ていたのです。

昔の人は、月が欠けて見えなくなると大騒ぎでした。夜が真っ暗になるのは不安だったのです。反対に満月になると大喜びしたものです。

その月や星の動きや位置を、たくさんの人が関わりながら研究し、長い長い時間を経て、現代の私たちに伝えてきたのです。

さて、本書では、乙女座男子のいいところも悪いところも書いてきました。

性格にはいいも悪いもなく、長所と短所は背中合わせです。長所がいきすぎれば短所になり、短所と思っていたところが長所になることがあります。

乙女座は8月23日から9月23日（その年によって多少ズレがあります）のあいだに生まれた人です。西洋占星学では、一年は牡羊座から始まり、最後の魚座まで12の星座に分類しています。それぞれに長所があり、短所があります。

12星座で「いちばん男らしい」乙女座男子は、あなたの星座によっては、時に理解しがたい存在かもしれません。

自分の常識では、

「どうして、そんなふうに言うの？」

「どうして、そんな態度をとるの？」

と思うことも少なくないかもしれません。

けれども、「乙女座」の価値観や行動パターンを知れば、許せるかどうかはともかく、理解することはできるでしょう。

彼を理解することで、自分への理解を深めることもできます。

彼に対しての「許せないこと」は、あなたにとっての大切なことです。

それがわかれば、あなたのことを彼に理解してもらえるかもしれません。

乙女座は礼儀正しく、秩序を重んじる星座です。あなたのことを理解したなら、それまで以上に、あなたにとって強い味方となります。


ところで、早稲田運命学研究会は、２００９年2月25日（新月）、一粒万倍日に発足しました。

「一粒万倍日」とは、「大安」と同じように縁起のいい日のことで、「一粒の籾《もみ》が万倍にも実る稲穂になる」という意味です。結婚や開業、なにか新しいことをスタートするときには、この日を選ぶと繁栄します。反対に、この日に借金などをすると、借金が大きくなってしまうので避けなければなりません。

それはともかく、早稲田運命学研究会は、運命を読み解いていくことを目的として、私が主宰しているものです。

「運命」を読み解くには、その前に、そもそも「運命」とは何であるかを押さえておかなければなりません。言い換えれば、その人の「運命を決めるもの」とは何か、ということです。

これは、「占術」のジャンルで見ていけば、わかりやすいかもしれません。

つまり、姓名判断の人から見れば、「運命は名前によって決まる」というでしょうし、占星学でいえば、「生まれた星の位置で決まる」ということになります。

そう考えると、「運命を決めるもの」は、占い師の数だけあるといってもいいでしょう。それらのどれが正しい、正しくないということはありません。むしろ、そのすべてに一理ある、と私は思っています。

しかし、時に運と運命を一緒くたにしている人がいます。あるいは受けとる側が一緒くたにしてしまうことがある、ということもあります。

運命とは何かというときに、それは「運」とはまったく違うものだということを、しっかり憶えておきましょう。

「運」というのは、簡単に言えば、「拾えるもの」です。

「運命」は、「運」のように、たまたま拾ったりするものではありません。

「命を運ぶこと」が、「運命」です。自分の命をどう運ぶか、ということ。そこに「たまたま」という偶然はありません。

それだけに非常に厳しいものだ、と考えなければならないものです。

あることがきっかけで運命が変わった、という人は多いでしょう。

たとえば、結婚をして運命が変わったとか、そこの会社に就職して運命が変わった、というようなことがあるでしょう。

結局は「そうなる運命」だったということもできますが、もしも「変わった」とすれば、それは、その人自身が、あるところで「自分の命の運び方」を変えたことによって起きたのです。

この「運命を変える」ことは、簡単ではありません。

ある日誰かがひょいと自分を持ち上げて、「うまくいかない運命の道」から「うまくいく運命の道」に置き換えてくれたら楽ですが、そんな「奇跡」は起こりません。

しかし、あなた自身が、自分の「命の運び方」を変えさえすれば、あなたの運命はあなたの望むように変えることができるのです。


私はもともと運命論者で、文芸誌の編集者時代に、芥川賞作家にして、手相学・人相学の天才ともいわれた五味康祐《こうすけ》に人相学・手相学をはじめとする「運命学」を直接学び、以来、独自に研究を重ねながら、運命に関する著作も多く執筆してきました。

当会顧問のアストロロジャー、來夢先生は、そんな私のことを「運命実践家」と呼びます。『12星座で「いちばんプライドが高い」牡羊座男子の取扱説明書』から始まり、「牡牛座」「双子座」「蟹座」「獅子座」に続いて、本書でも共に監修していただけたことに感謝申し上げます。

運命の本質を知ることは自分を知ることであり、人生を拓《ひら》く大切な一歩になります。

本書『12星座で「いちばん男らしい」乙女座男子の取扱説明書』を手にとってくださったあなたは、いま現在、乙女座の男性とつき合っているのかもしれません。これからつき合おうと思って読んでみたという人もいるでしょう。あるいは職場や仕事上で、乙女座の男性と関わりがあるという人も多いはずです。

真面目で物静かだけど、堅実で優しい乙女座男性とつき合っていくときに、ぜひ本書を脇に置いて、ことあるごとにページをめくっていただけたら幸いです。

早稲田運命学研究会主宰
櫻井秀勲

●監修者プロフィール

來夢（らいむ）

アストロロジャー&スピリチュアリスト。星活学協会会長。経営アストロロジー協会会長。早稲田運命学研究会顧問。マイナスエネルギーをいかにプラスに変えるかという実用的な視点から占星学を活用。OL、主婦からビジネスマン、成功経営者まで、秘密の指南役として絶大な支持を得ている。著書に『月のリズム　ポケット版』『「あたりまえ」を「感謝」に変えれば「幸せの扉」が開かれる』（きずな出版）、『「運」の正体』（ワック）、『らせんの法則で人生を成功に導く　春夏秋冬理論』『運活力』（実業之日本社）、共著に『誕生日大事典』（三笠書房）他多数。

シーズンズＨＰ　http://www.seasons-net.jp/

櫻井秀勲（さくらい・ひでのり）

早稲田運命学研究会主宰。１９３１年、東京生まれ。東京外国語大学ロシア語学科卒業。文芸誌の編集者から31歳で「女性自身」の編集長に。当時、毎週１００万部の発行部数を維持し出版界では伝説的存在。文芸誌の編集者時代に、芥川賞作家にして、手相学・人相学の天才ともいわれた五味康祐に師事。人相学・手相学をはじめとする「運命学」を直伝。以来、独自に研究を重ねながら、占い・運命学を活用。著作は『運のいい人、悪い人』（共著、きずな出版）、『運命は35歳で決まる！』（三笠書房）、『日本で一番わかりやすい運命の本』（ＰＨＰ研究所）など２００冊を超える。

早稲田運命学研究会　公式ＨＰ　http://w-unmei.com/

12星座で「いちばん男らしい」
乙女座男子の取扱説明書

2017年9月1日　初版第1刷発行

監　修　來夢、櫻井秀勲
著　者　早稲田運命学研究会

発行者　岡村季子
発行所　きずな出版
東京都新宿区白銀町1-13　〒162-0816
電話　03-3260-0391
振替　00160-2-633551
http://www.kizuna-pub.jp/

ブックデザイン　福田和雄（FUKUDA DESIGN）
編集協力　ウーマンウエーブ
印刷・製本　モリモト印刷

　ISBN978-4-86663-008-3

きずな出版